넥타이를 맨 인류학자

# 넥타이를 맨 인류학자

**초판 1쇄 발행** 2020년 11월 30일

**지은이** 데이비드 기번스  **옮긴이** 황의선  **펴낸곳** 크레파스북  **펴낸이** 장미옥
**책임편집** 노선아  **디자인** 디자인크레파스

**출판등록** 2017년 8월 23일 제2017-000292호
**주소** 서울시 마포구 성지길 25-11 오구빌딩 3층
**전화** 02-701-0633  **팩스** 02-717-2285  **이메일** crepas_book@naver.com
**인스타그램** www.instagram.com/crepas_book
**페이스북** www.facebook.com/crepasbook
**네이버포스트** post.naver.com/crepas_book

ISBN 979-11-89586-22-5 (03180)  **정가** 15,000원

이 도서의 국립중앙도서관 출판예정도서목록(CIP)은 서지정보유통지원시스템 홈페이지(http://seoji.nl.go.kr)와
국가자료종합목록 구축시스템(http://kolis-net.nl.go.kr)에서 이용하실 수 있습니다. (CIP제어번호 : CIP2020048293)

사소하지만 결코
사소할 수 없는 **비언어적 표현**

당신의 '표정'과 '몸짓'이
당신을 말한다.

# 넥타이를 맨 인류학자

데이비드 기번스 지음 ㅣ 황의선 옮김

Sight - Reading

크레파스북

데이비드 기번스가 내게 머리말을 써 달라고 부탁했을 때 그가 누군지 알고 있는 나는 대단히 명예롭게 생각했다. 그는 내 저서에 반영된 인간행동과 비언어적 의사소통에 관한 나의 사고를 형성하고 구체화하는 데 큰 영향을 미쳤다. 우리는 그의 저서에 담긴 비언이직 의사소통에 관한 내용을 충실하게 인용해 왔다.

대부분의 저자와 달리 기번스는 단순히 우리가 알고 싶어 하는 것만 전달하는 것이 아니라 우리에게 자신이 세상을 어떻게 생각하며 보고 있는지 들여다보도록 한다. 그렇게 함으로써 그는 자신의 저서에 인류학자로서의 균형감을 부여한다. 그는 원숭이, 침팬지, 고릴라나 우리의 먼 아프리카 조상 유인원과 마찬가지로 인간에게 남아있는 동물적 감각을 찾아내 인류의 '왜'와 '어떻게'를 탐구한다.

이 책에서도 그는 우리의 기대를 저버리지 않았다.

그는 다른 사람들이 놓쳤던 것을 발견하려는 열망을 가진 과학자의 호기심과 연구에 대한 열정을 가지고 직장에서 볼 수 있는 몸짓언어를 머리부터 발끝까지 조사했다. 기번스는 당신의 머리카락이 말하는 것에서부터 눈, 엉덩이와 발가락까지 주제를 최소 단위로 상세하게 나눠 설명한다. 《사랑의 신호(Love Signals)》가 연애에 관한 것이고,

《범죄의 징후(Crime Signals)》가 범죄 연구에 관한 것이라면, 그의 최고의 저서 중 하나가 될 것이 분명한 이번 책에서는 직장에서의 비언어적 신호에 관한 주제를 다루었다.

이 책은 오늘날 직장에서 흔히 볼 수 있는 수많은 사례를 통해 직장에서의 행동과 의사소통에 대한 근거를 분석하고 있다. 인간을 이해하는 데 자신의 인생을 바친 사람만이 직장이라는 환경에서의 리더십, 탐욕, 신뢰와 속임수에 대해서 기번스와 논할 수 있을 것이다. 데스먼드 모리스가 "벌거벗은 유인원"에 대해 다루었다면 이제 기번스가 "당신과 나"라는 직장 유인원에 대해 다루고 있다.

비언어적 의사소통에 관한 책은 많이 있지만, 새로운 기준을 설정해 우리가 존경을 가지고 보게 하는 책은 드물다. 기번스 덕분에 그 목록에 추가할 책 한 권을 갖게 되었다.

조 내버로(Joe Navarro)
《신체의 모든 부분이 말하고 있는 것(What Every Body Is Saying)》,
《말보다 시끄러운(Louder Than Words)》의 저자

## 비즈니스에서의 육체정치학

그의 몸짓언어는 아주 노골적이다. 튀어나온 입술은 당신을 가리키는 것처럼 보인다. 대머리를 가리기 위해 머리카락이 없는 부분으로 넘겨 빗은 머리모양은 "타지마 헬멧(TajMa-helmet)"이라는 이름을 가지고 있다. 그는 한때 여성의 마음을 끌이 보기 위해 에나멜가죽 구두를 신고 진홍색 양복도 입어 보았다. 이 남자가 누구일까? 자칭 억만장자이며 거래의 해결사인 도널드 트럼프다. 그의 행동은 기업이나 중역회의실에서 또는 상사(임원)로서 몸짓언어가 가진 중요성을 보여준다.

리얼리티 쇼 〈더 어프렌티스(The Apprentice)〉 회의실 세트에서 그가 "당신은 해고야!"라며 오른손으로 당신을 가리킬 때 당신은 단순한 몸짓 이상을 본 것이다. 두 번째 시즌 참가자였던 제니퍼는 〈투데이 쇼(Today)〉에서 "그의 손가락에서 나온 보이지 않는 아주 작은 총알들이 내 가슴으로 날아들었다."라고 표현했다. 트럼프는 비록 테이블 너머에 있었지만, 그의 손가락 끝이 요란한 동작과 함께 제니퍼를 가리키면서 그녀에게 어떤 신비한 힘을 방출한 것이다. 제니퍼는 의심의 여지 없이 그 힘을 느꼈다. 그녀는 자신이 진짜로 해고되었다는 것을 직감했다.

제니퍼가 묘사한 "보이지 않는 총알"은 사장의 말에 몸짓언어라는 화력이 덧보태져 강조된 것을 의미한다. 트럼프 스타일의 손동작은 직장에서 매일 주고받는 수천 가지의 비언어적 행동양식 중 하나다. 그뿐만 아니라 당신의 직장 동료나 고객, 부서장과 사장에게서도 몸짓언어는 끊임없이 나타난다. 아마도 비언어적 신호가 메모, 문자, 이메일보다 훨씬 더 격려 또는 위협이 되거나 동정, 충성, 분노, 공포와 같은 격한 감정을 자아내는 힘을 가지고 있기 때문일 것이다.

우리는 직장에서 볼 수 있는 비언어적 세계로 여행을 시작하기 위해 도널드 트럼프가 하는 몸짓언어의 연출기법을 사용할 것이다. 사무실 공간을 탐험하고, 신발에 암호화된 메시지를 해독하고, 회의실에서 설득하기 위해 사용되는 표현력이 풍부한 어깨를 볼 것이다. 우리는 시각, 촉각, 청각, 미각과 후각에 도달한 신호들의 숨은 의미를 발견할 것이다.

# 목차

# Part. 01

# 직장에서의
# 사이트-리딩
## (Sight-Reading)

# 사무실에서 보내는
# **신호**

**,** 총명한 관찰

당신이 일하는 곳의 언어적·비언어적 신호를 이해하려면 많은 시간과 관심을 가지고 관찰해야 한다. 그만큼 직장은 전화, 이메일, 키보드, 서류보고서, 문자메시지, 메모와 회의가 난무하는 장황한 곳이기 때문이다. 구어 또는 문자로 이루어진 수백, 수천, 수백만 가지의 크고 작은 목소리들은 당신에게 자기 일에 전념하라고 요구한다. 내 말 좀 들어, 나 좀 이해해줘, 내게 주목해봐!

그러나 이 책은 말에 관한 것이 아니다. 그 밑에 존재하지만 입 밖에 내지 않은 느낌, 감정과 기분에 관한 것이다. 거기에는 종종 직장의 장황함 아래 감춰진 비밀스러운 동기, 계획이나 의도가 있다. 그것들은 감춰야 하는 계획인 양 숨어있어 우리가 분명하게 파악하기 어렵다. 다행인 점은 셜록 홈스가 우리에게 구두끈, 엄지손톱이나 소매와 같이 아주 흔한 부분에 숨겨진 의미를 눈여겨보도록 가르쳤다는 것이다. 이 책으로 당신은 직장에서 볼 수 있는 비언어적 신호와 몸짓언어가 발신하는 숨겨진 메시지를 해석하고 해독하는 방법을 머리부터 발끝까지 배울 것이다. 회의실에서 메모나 말은 하지 못하지만 손, 어깨, 얼굴, 눈꺼풀들이 말할 수 있거나 말하고 있는 것은 무엇일까? 정장이 직장에서 당신을 강하게 보이게 할까, 약하게 보이게 할까? 좀 더 적임자로 보이게 할까, 그 반대일까? 회사의 캐비닛, 공용공간과 칸막이 사무실에 무슨 비밀이 숨어 있을까? 이처럼 사무실을 이루는 모든 요소-가령 공간이나 의상, 장식, 몸가짐에서도 찾아야 할 비언어적 신호가 있다.

이 책의 부제로 '총명한 관찰'의 의미가 있는 '사이트-리딩(Sight-Reading)'이라는 말을 소개했다. 영어 'Sight'는 '인지하다'라는 의미를 지닌 7천 년된 인도-유럽 어원의 'Skew-'에서 유래한다. 영어 단어 'Read'(읽다)의 중요한 의미 중에는 '조사로써 예측하다.'와 '의도나 기분을 결정하다.'도 있다. 따라서 사이트-리딩은 비언어적 신호들에 대한 통찰력 있는 조사로 의도나 기분을 예측하는 행위다.

사무실에서 오가는 신호를 배우면 당신은 회사에서 단순히 말을 잘 듣는 사람을 넘어 좀 더 유능한 직원이나 관리자가 될 수 있을 것이다. 몸짓언어에는 말 뒤에 숨어 있는 감정이 드러나기 때문이다. 당신은 단순한 리스너를 넘어 적극적인 관찰자로서 직장에서 공감적인 태도로 다른 사람의 말을 들을 수 있게 될 것이며, 설득력있고 협조적인 사람으로 변모할 것이다. 더구나 말로 표현된 것에 숨어 있는 배경을 안다면 동료들 간의 신뢰나 불신의 정도를 측정하는 데 도움이 된다. 신뢰는 침착한 시선과 같은 단순한 행동으로 확인되고 미세한 눈 깜빡거림으로 부인된다.

통찰력 있는 경청, 감정이입, 설득, 협력, 관심과 신뢰는 '서번트 리더십(Servant Leadership)'으로 알려진 관리 스타일의 특성들이다. 서번트 리더십은 기존의 리더의 권위를 내세우기 위한 리더십이 아니다. 회사의 목표에 앞서 종업원의 행복을 먼저 생각해야 한다는 규범적인 개념이다. 내가 진행하는 의사소통과 리더십 강의에 참석하는 대학원생들은 종종 자신들의 일에도 섬기는 리더십을 적용하고 싶어한다. 섬기는 리더십은 리더가 솔선수범해 종업원들을 이끄는 리더십이다.

예를 들어 사장은 "이 우편물을 당장 발송해."라고 단순하게 명령하는 것보다 봉투에 내용물을 넣는 막바지 단계에 참여함으로써 자신이 그 과업에 몸소 참여하고 있다는 것을 보여줄 수 있다.


## ; 손의 언어

나는 인류학자로서 인간이 어떻게 비언어적 의사소통을 하는지 연구해 왔다. 나는 미국 워싱턴주 시애틀에 있는 워싱턴대학교에서 5년 동안 교수로 재직한 뒤 워싱턴 D.C로 이사했다. 세계적 기업의 집합지라 할 수 있는 그곳에서 12년 동안 관리 분야의 이사로 근무했다. 이후 워싱턴주로 되돌아오자마자 국방부, 환경보호국과 FBI 같은 정부기관뿐만 아니라 마스터푸드 USA(Masterfoods USA), 화이자(Pfizer), 베스트바이(Best Buy), 킴벌리-클락 월드와이드(Kimberly-Clark Worldwide)나 유니레버(Unilever)와 같은 사기업을 위해서도 비언어적 의사소통 문제를 직업적으로 자문했다. 이처럼 다양한 근무환경에서의 현장연구로 사무실에서 볼 수 있는 조용한 언어를 해독하는 방법을 터득했다.

내가 좋아하는 프로젝트 중 하나는 유니레버에서 시행한 '손의 언어'에 관한 연구이다. 빙하시대 동굴벽화에서부터 미켈란젤로와 로댕의 걸작에 이르기까지 회화나 조각에서 인간의 손이 굉장히 중요하다는 것은 알고 있었지만, 회의실에서 손이 표현하는 메시지가 얼마나 중요한지는 미처 깨닫지 못하고 있었다. 동료들끼리 얼굴을 맞대고 업무를 논의할 때 그들의 눈은 무의식적으로 손을 세밀하게 관찰하는 중이었다.

유니레버 연구에서 금방 눈에 띈 것은 우리가 상대방의 손과 그들의 감정적인 신호를 얼마나 잘 관찰하고 있는지였다. 예술가와 마찬가지로 우리는 손목, 손바닥과 손가락이 각자 중요한 역할을 하는 걸 잘 알고 있다. 하지만 우리가 하는 관찰은 예술가들과는 다르게 대부분 정식으로 배우지도 않았고, 애매하며, 무의식적이다. 우리는 상대방의 손동작으로부터 느낌을 받지만, 그것을 쉽게 말로 옮기지는 못한다. 인간해부학을 연구했던 미켈란젤로와 달리 우리 대부분은 손가락을 자신에게 감정 변화가 일어났음을 알게 해 주는 손 모양이나 위치에 멈춰둘 수가 없다. 이처럼 동작과 느낌 사이에는 서로 동떨어진 부분이 있다.

연구팀은 예술가가 아닌 일반인들이 손을 어떻게 해석하는지 알아보기 위해 손의 모양과 동작에 관한 12장의 고해상도 사진을 로스앤젤레스, 캔자스시티, 시카고와 보스턴에서 100명의 실험 대상자들에게 보여주었다. 사진은 매니큐어를 칠한 교육행정가의 고운 손에서부터 현장에서 일하는 전기공의 거친 손까지 다양했다. "이 사진이 당신에게 무엇을 '이야기'하고 있나요?", "어떤 신체적 특성을 발견했나요?", "어떤 손이 좋고, 어떤 손이 싫나요? 왜 그렇지요?", "어떤 손과 가장 악수하기 싫으세요? 왜 그렇지요?"라고 설문했다. 마지막으로 "자신의 손에서 가장 좋아하는 부분은요? 왜 그렇지요?"라고 물었다. 표본에는 47%의 남자와 53%의 여자가 포함되어 있었으며, 나이는 18세부터 66세까지로 평균 나이는 37세였고, 직업은 의사에서 도넛가게 점원까지 다양했다.

우리는 구두반응의 질과 양에 깜짝 놀랐다. 실험 참가자들은 많은 것에 주목했고 손의 모양, 크기, 상태와 동작에 하고 싶은 말이 많았다. 현장에 배치된 전문적인 인류학자로 구성된 나의 팀원들이 전혀 부추기지 않았음에도 응답자들은 손에 관한 12장의 사진을 설명하는데 4,025개의 단어나 구문을 사용했다.

유니레버 연구를 통해 우리는 비언어적 비즈니스 신호의 어떤 특이점을 발견할 수 있었을까? 업무회의에서 관심을 덜 끄는 손일수록 동료가 손동작의 의미를 알아챌 확률은 낮아진다. 연구에서는 손의 겉모습에 대한 부정적인 등급이 올라갈수록 그 동작이나 모양에 대한 관심도가 줄어들었다. 보기 흉한 모습이 시각적인 주의를 돌림으로써 그 동작 자체나 그 동작을 한 사람의 상태를 파악하지 못하도록 방해한 것이었다. 실험 참가자들은 육체적으로 고통스러워하는 손들이 만들어 낸 동작을 제대로 해석하지 못했다. 실험 참가자들은 주름살, 흉터, 점, 굳은살, 때, 거친 피부, 건조, 얼룩, 각질과 우둘투둘한 손톱을 보이는 손들이 거기에 해당한다고 말했다.

　이와 반대로 손이 매력적일수록 동료가 그 신호를 알아차리고 해독할 확률은 높아진다. 우리는 '손의 언어'에 관한 연구에서 손의 겉모습에 대한 긍정적인 등급이 올라갈수록 그 모양이나 동작에 대한 주의도 높아진다는 것을 발견했다. 즉 신체적으로 보기 좋은 손이 나타내는 동작을 좀 더 잘 보고 해독할 수 있다는 것이다. 매혹적인 손은 깨끗하고, 잘 손질되었고, 매니큐어를 칠했고, 관리받고 있고, 단단하고, 건조하지 않으며, 부드러웠다.

　전문가인 우리조차 미처 인지하지 못한 요소에 그렇게 많은 의미가 있을지 누가 알았겠는가. 인류학자인 에드워드 사피어가 "우리는 어디에도 기록되어 있지 않고 아무도 모르지만, 모두가 이해하는 정교하고 비밀스러운 코드에 따라서 극도의 경계심을 가지고 동작에 반응한다."라고 함으로써 그것을 가장 잘 표현하였다.

2002년 7월 25일, 뉴욕시에 있는 라이브러리호텔 옥상정원에서 '손의 언어'에 관한 연구 결과를 기자들에게 발표했다. 유니레버 핸드크림 브랜드 매니저 파블로 가젤라는 내가 1997년에 워싱턴주 스포캔에 설립한 개인 연구소인 '비언어적인 것에 대한 연구센터'와 일하면서 "사람들이 자신과 다른 사람의 손을 어떻게 느끼는지 좀 더 이해할 수 있었다."라고 말했다.

'말하는 것과 유사한 비언어적 신호'가 기억에 오래 남으며 인지적 사고를 강화하는 것으로 나타났다. 그래서 비언어적인 손의 신호가 말로 하는 언어의 설득력을 증가시키는 것이다. 비언어적인 손의 신호는 업무회의에서 구어를 지원하는 핵심 요소이기 때문에 당신의 손은 회의실 테이블 위에서 제 역할을 다 할 준비가 돼 있어야 한다.

02

# 회의실은
# **경쟁한다**

말 없이 말하는 드라마

포커 전문가이자 FBI 범죄심리분석관인 조 내버로는 "포커 테이블에서 하는 관찰의 주요 목적은 정보 수집이다. 당신은 테이블에서 상대방에 관한 가능한 한 많은 정보를 파악하고 싶어한다."라고 설명한다. 포커게임과 마찬가지로 이사회의 회의 테이블에서도 몸짓 언어를 관찰하는 사람이 우세하다.

당신은 회전의자에 앉아서 상대방의 감정이 테이블 위로 치솟는 것을 본다. 입술이 다물어지고, 눈동자가 구르며, 어깨를 으쓱거리고, 손이 동그랗게 주먹 쥐어진다. 당신은 말을 듣지 않고서도 이러한 신호로부터 회의 참석자들이 어떤 문제에 단호한 태도를 보이는지 판단할 수 있다. 포커 테이블에서의 단서와 마찬가지로 눈에 띄는 신체 동작이 조급하게 속셈을 드러내고 있다.

020 ____ 021

나는 몸짓언어를 연구하는 인류학자로서 종종 닫힌 문 안에서 열리는 회의에 초대되곤 한다. "회의실에서 실제로 무슨 일이 일어나고 있는지 당신이 좀 얘기해 주세요." 그러면 나는 내빈으로 들어가서 조용히 앉아 팔짱을 낀 팔꿈치를 테이블 위에 올려 둔다. 나는 그 안에서 발생하는 끊임없는 재잘거림이 내 집중력을 흩트리지 않도록 마음속으로 소리 스위치를 끈다. 나는 회의 참석자들이 말하는 것을 듣기보다는 그들이 어떻게 행동하는지를 관찰한다. 이것은 탄자니아에서 40년이 넘는 기간 동안 침팬지를 연구한 제인 구달이 아프리카에서 야생 침팬지를 연구할 때 사용했던 "관여하지 않는 관찰"이다. 구달은 침팬지의 몸동작과 행동을 좀 더 잘 관찰하기 위해서 '우후우후우후후' 하는 침팬지들의 인사법인 팬트 후트(Pant-hoots) 또는 짖거나 우는 소리와 같이 마음을 산란하게 하는 요소들을 한동안 무시했다. 유인원들의 목소리가 말하고 있는 것보다 그들이 열대우림에서 무엇을 하고 있는지가 중요했던 것이다.

회의실은 회사 공동의 이익을 위해 논의하는 한편 개인의 이익과 승진을 위해 겨루는 사람들이 모여있는 곳이다. 나는 그곳에서 사람들의 손, 팔과 어깨가 수축하고, 이완되고, 회전되고, 춤추는 것을 지켜보았다. 인류학자의 관점에서 관찰하도록 임무를 부여받은 회의실에서 나는 구달이 동아프리카의 세렝게티 평원에서 보았던 방법으로 테이블 윗면을 상상했다. 적자생존을 위해 경쟁하는 사자, 자칼과 영양을 마음속에 그렸다. 광택이 나는 회의 테이블 위에서는 동료들이 서류를 넘기고, 손동작으로 결투하고, 얼굴을 마주보며 업무를 처리했다. 안건에 따라 그들은 깊은 생각에 잠기거나, 약간 놀라거나, 멋쩍어하거나, 완강한 시선을 상대방에게 건넸다. 각자가 크게 또는 부드럽게 말하면서 다른 사람들보다 더 자주 말하려 했다. 업무회의는 언어적인 것이 없으면 안 된다. 그렇지만 나는 입술이나 눈, 손가락이 말로 표현되지 못한 무언가를 말했는지, 회의에서 말로 표현되지 않은 안건과 성문화되지 못한 안건은 무엇인지 질문할 필요가 있다. 나의 임무는 몸짓언어를 평가해 그 드라마를 이해하는 것이다.

## 바바라의 정적인 손

몸짓언어의 한 가지 특이한 측면은 느낌, 의견과 기분이 동작과 함께 또는 동작 없이 표현될 수도 있다는 것이다. 예를 들어 테이블 아래로 숨는 손이 그룹으로부터의 이탈이나 물러남을 의미할 수 있지만, 테이블을 치는 손은 강한 주장이나 분노를 나타낼 수도 있다. 손이 움직였는지 아닌지에 따라 당신이 동료들에게 주목을 끌 수 있는 정도가 달라진다. 움직이지 않는 '조용한 손'은 시선을 끌 수 없다.

1980년대 초 워싱턴주 시애틀그룹에서 녹화했던 20분짜리 회의에서 '조용한 손'을 효과적으로 보여주는 사례를 관찰했다. 1980년대는 여성의 업무 현장 진출이 계속 증가하고 있던 때였는데, 그 중 많은 여성들이 남성과 직접 대면하여 벌이는 치열한 경쟁을 거의 처음으로 겪고 있었다. 회의에 참석 중인 바바라는 회의시간 내내 손을 테이블 밑의 자신의 무릎에 두고 있었다. 안건에는 거리낌없이 말했지만, 그녀의 손은 아무 말도 하지 않고 보이지 않는 곳에 머물렀다. 비디오테이프를 돌려 보니 6명의 남성 동료들이 그녀뿐만 아니라 그녀의 견해에도 거의 관심을 두지 않았다. 그들은 서로를 보고 있었지만, 바바라 쪽으로는 눈길조차 주지 않았다.

그녀와 함께 비디오테이프를 다시 돌려 보았다. 테이블 아래로 내려진 바바라의 손이 너무 정적이어서 그녀가 회의에 무관심한 것처럼 보이게 했다. 바바라가 방관자적인 태도로 다른 사람의 주의를 끌지 못했기 때문에 그녀는 그 회의에서 거의 관심을 받지 못했다. 더 중요한 것은 그 방의 참석자들이 그녀를 회의안건에 다시 참여시키려는 시도조차 하지 않고 있었다. 바바라가 듣거나 말할 때 자신의 손으로 다른 사람의 주의를 끌지 못했기 때문에 그녀 자신이 의도하거나 의식한 바 없이 자신을 별 볼 일 없는 사람으로 만들고 말았다.

그 테이프를 되돌려 본 뒤 바바라는 자신의 발언이 동료들에게 한 가지도 심각하게 받아들여지지 않는 것처럼 느껴졌다고 말했다. 이것이 의자에 앉아 뒤로 기대고서 상체를 동료들에게서 멀어지는 쪽으로 위치시킨 채 손을 완전히 숨기게 한 원인이 되었다. 내 역할은 시애틀 그룹에 자문하는 것이었다. 바바라에게 다음 회의에서는 양손을 테이블 위에 두고 손동작을 해서 자신의 영향권 안으로 다른 사람들을 데려오라고 자문해 주었다. 신체의 움직임은 시선을 끌기 때문에 손을 움직이는 것만으로도 주의를 환기시키기에 충분하다. 회의실 건너편에 있는 사람의 주의를 끌기 위해 "어이, 여기 좀 봐!"라면서 손을 흔드는 것과 마찬가지다.

테이블 너머로 손을 내뻗는 동작은 자신이 언급하고 있는 것을 동료들에게 강조하는 역할을 한다. 동작은 자기 생각이나 느낌 따위를 눈에 보이는 형식으로 드러내기 위한 무언의 메시지이다. 말에 개성과 동작이 더해지면 그 말은 좀 더 개인적으로 되고 관심을 유발하게 된다. 말 자체는 왼쪽 뇌에 있는 언어중추(베르니케 영역)를 사용하지만, 동작은 대뇌의 우측 반구에 있는 감정적인 영역과 관련이 있다. 따라서 말을 하면서 동작으로 감정을 추가하는 것은 상대방의 양쪽 뇌를 동시에 자극한다. 이것은 분명 사람의 이목을 더 끌 뿐만 아니라 당신의 말에 신뢰성을 더해 준다. 가령 손동작은 말을 강조할 뿐만 아니라 그것을 입증하기 위해 뒤에서 후원하는 역할을 한다.

더구나 손의 움직임은 상대방과 당신의 물리적 거리를 줄여준다. 당신이 동료들을 향해 손을 내뻗으면 그들은 당신과 좀 더 가깝게 느낀다. 영장류의 뇌를 가진 그들은 당신이 손을 내뻗은 것을 '접근해서 만지고 싶어하는' 암묵적인 의도로 해석한다. 회의 테이블 위에서 내뻗은 손은 악수하려는 사람들 간의 간격에서 보고 느끼는 것과 동일한 긍정적인 메시지를 발신한다. 내뻗는 동작 그 자체만으로도 강력한 제휴 메시지를 보내는 것이다.

우리는 바바라의 경우로 업무회의에서 손이 얼마나 중요한 역할을 하는지 파악할 수 있었다. 4장에서는 직장에서의 손모양과 동작을 더욱 깊이 있게 파헤칠 것이다.


## ; 적색 신호, 암즈 아킴보(Arms Akimbo)

제프 베일은 수렵 금지 구역의 단속관이었으며, 그의 직장은 한때 일리노이주 피오리아 카운티의 훌륭한 진원이었다. 일리노이 보호경찰국의 준법감시인으로 임명된 그는 항상 새롭고 다양한 밀렵꾼들과 들판에서 대면해야 했다. 몸짓언어를 배운 베일은 낯선 사람들과 대면하기 전에 풀숲에 있는 그들에게 조심스럽게 접근한 뒤 그들의 기분과 의도를 가늠하기 위해 사이트-리딩을 사용했다. 그가 가장 믿었던 몸짓언어는 '암즈 아킴보(Arms Akimbo)'라고 알려진 '엉덩이에 얹은 손'이었다.

제프 베일은 "저는 암즈 아킴보 동작을 믿고서 순찰 중에 줄곧 그것을 활용했습니다. 대개의 상황에서 엉덩이에 손을 얹는 행위는 상대방의 부정적인 마음 상태를 나타내고 있다는 사실을 발견했습니다. 따라서 단속관이 낯선 사람의 암즈 아킴보를 보았다면 곧 문제가 발생할 수도 있다는 경고를 나타냅니다. 그리고 저 자신도 기분이 상했을 때 그렇게 하는 것을 발견했습니다. 저는 암즈 아킴보가 법을 집행하는 사람에게 상대방의 마음 상태를 판단하는 아주 중요하고 믿을 만한 근거가 되어준다는 사실을 포착하였습니다."라며 이메일을 보내왔다.

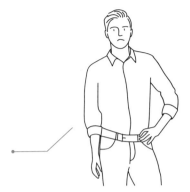

엉덩이에 손을 얹고 있는 **암즈 아킴보**는
공격적인 마음 상태를 나타낼 수 있다.

암즈 아킴보는 손바닥을 엉덩이에 얹고 팔꿈치를 바깥으로 하여 몸으로부터 날카로운 각도를 만드는 것으로서 세계적으로 흔한 동작이다. 말과 마찬가지로 암즈 아킴보에는 여러 의미가 있다. 하지만 베일이 말한 것처럼 가장 일반적인 것은 방어적이거나 부정적인 마음 상태에 있을 때 나타난다는 것이다. 암즈 아킴보는 대부분 선 자세에서 사용되지만 나는 간부회의 중에 부정적인 감정과 반감이 고조되었을 때 앉은 자세에서 한 손으로 하는 독특한 암즈 아킴보도 보았다.

내 기억에 특별하게 남아 있는 암즈 아킴보가 있다. 내가 '댄'이라고 부르는 크고 건장한 중년 남자의 암즈 아킴보가 그것이다. 자신과 극렬하게 대립하고 있는 작은 체구의 젊은 여성 리즈가 말을 할 때 그의 꺾인 오른쪽 팔이 자신의 오른쪽 엉덩이에 고정되어 있었다. 그의 거대한 상체가 회의 테이블 위에 앞으로 숙어지면서 그의 어깨가 다른 편에 있는 그녀를 직각으로 겨냥하도록 비스듬히 움직였다. 테이블을 가로질러 리즈의 얼굴을 노려볼 때 댄의 입술이 경직되어 벌어졌다. 그의 벌어진 오른쪽 팔꿈치는 그 방에 있는 모든 사람이 볼 수 있을 정도로 눈에 띄는 모습이었다. 댄은 목을 우산 모양으로 펼쳐 공격할 태세를 취하는 코브라와 같았다. 그의 암즈 아킴보는 공격적인 마음 상태를 분명하게 암시했다.

《국제금렵구 관리인(International Game Warden)》이라는 잡지에 〈바깥쪽으로 뻗는 것은 문제가 있다는 것을 의미한다〉라는 제목으로 기고한 글에서 베일은 "들판에서 침입자들에게 다가갈 때 그들이 우리를 어떻게 느끼고 있는지 파악하는 것은 매우 어렵다. 아무런 문제가 없는 지극히 평범한 조사가 될 것인가? 대치상황이 될 것인가? 이 질문의 답에 도움을 주는 것으로 암즈 아킴보가 있다. 그것은 사람들이 무엇에 짜증날 때 무의식적으로 나타나며, 당신이 주의해서 보면 몇 야드 떨어진 곳에서도 그것을 볼 수 있다."라고 기술하고 있다. 바로 몇 피트 떨어진 곳에서 리즈와 회의 테이블에 있던 모든 사람의 눈이 댄을 향했으므로 그의 반대하는 분위기를 금방 파악해야 했다. 댄의 암즈 아킴보 동작은 보고 있는 모든 사람에게 자신의 부정적인 견해를 표출하고 있었다.

당시 FBI 특별수사관으로 나와 함께 비언어적인 것을 연구하던 내 버로는 리즈와 댄의 사례에서 생생하게 본 암즈 아킴보에 대한 베일의 해석에 동의한다며, 다음과 같은 이메일을 보내왔다. "제 경험상 암즈 아킴보는 보통 무엇인가 잘못되었을 때 나타나는 영역 과시 동작입니다. 많은 아이가 집에 도착했을 때 암즈 아킴보를 하고 문 앞에서 기다리는 엄마를 봐 왔습니다. 더는 아무것도 말할 필요가 없지요. 그 아이는 곤경에 처한 것입니다!"

들판이나 회의실 또는 집에서 볼 수 있는 암즈 아킴보는 짜증, 의견 충돌이나 분노의 표시다. 연구 결과 자신이 좋아하는 사람들보다는 싫어하는 사람을 상대로 암즈 아킴보를 더 많이 사용한다는 것이 밝혀졌다. 생물학자 데스먼드 모리스에 의하면 그것은 종종 "내게서 떨어져."를 의미하는 전 세계적인 동작이다. 그는 "우리가 사회적 환경에서 반사회적인 느낌이 들 때 하는 무의식적인 행동이다. 그것은 스포츠맨이 경기에서 결정적인 실점을 했을 때도 관찰된다."라고 말했다.

암즈 아킴보는 보통 부정적인 신호이기는 하지만 직장에서는 긍정적인 의미가 있을 수도 있다. 예를 들어 매니저가 직원에게 새로운 프로젝트를 설명할 때 직원이 하는 암즈 아킴보는 자신이 연회를 준비하거나, 다른 사람과 협력하거나, 과제를 수행할 준비가 되어 있다는 것을 나타낸다. 이 상황에서의 암즈 아킴보는 직원의 몸이 "준비 모드"에 맞춰져서 앞으로 나아가 사장의 지시사항을 실행할 태세가 되어 있다는 것을 나타낸다. 이때의 암즈 아킴보는 일을 시작하면서 소매를 걷어 올리는 것과 비슷한 긍정적이고 열렬한 태도를 나타낸다.

이제까지 우리는 직장에서 손으로 표현할 수 있거나 그렇지 못한 몇 가지를 살펴보았다. 손은 정말 "대단한 의사 전달자"다.

그러나 직장에서의 사이트-리딩에 있어서 또 하나의 중요한 부분은 얼굴이다. 인간의 얼굴은 비언어적 신호의 단서로 가득 차 있다.

회의에서 사장의 얼굴을 사이트-리딩할 때 눈여겨봐야 할 강력한 단서는 '오므린 입술'이다. 당신은 2장에서 입술이 주는 단서에 관한 많은 것을 배울 것이다. 이 책을 집필하는 데 필요한 정보를 제공한 데이브는 "나는 월요일 회의에서 사장이 자신의 입술로 하는 재미있는 동작을 보고 그가 내 의견을 어떻게 생각하고 있는지 항상 알아맞힐 수 있다. 그는 빨대를 빠는 것과 같은 작은 입술 동작에서부터 시작한다. 그가 이것을 시작하면 나는 그가 내 의견에 대한 쟁점이나 문제를 가지고 있다는 것을 알아차린다. 그래서 나는 그것이 보이면 보고를 계속하기 전에 그의 얼굴에서 그 표정이 사라질 때까지 추가 설명을 하거나 바꿔 설명한다. 그가 입술 표정을 하지 않으면 문제가 없다는 것을 알 수 있다."라고 말했다.

데이브가 본 입술 모양은 사장의 얼굴에 입술을 오므리는 동작이 갑작스럽게 나타난 것이다. 의견이 일치하지 않거나, 모사를 꾸미거나, 계산된 생각을 하면 입술을 반복적으로 바깥쪽으로 뒤집고, 오므리고, 둥글게 만드는 것이 보일 것이다. 입술을 오므리는 동작의 가장 중요한 메시지는 "나는 동의하지 않는다."라는 것으로, '생각에 잠긴 반대'를 나타내는 것이다. 만약 누군가가 돼지 코에 비유될 정도로 단단하게 튀어나온 입술을 보인다면 그가 명백하게 부정적이거나 동의하지 않는 불확실한 마음 상태에 있음을 나타내는 것으로, 일상적인 삐죽거림 수준을 넘어섰다는 것을 나타낸다.

이러한 구체화는 뇌의 언어중추에 해당하는 브로카 영역에서 일어난다. 언어의 생성과 관련된 뇌의 영역을 브로카 영역이라고 부르는데, 이 언어중추는 손가락 크기의 신피질 부분을 말한다. 입술을 오므리는 도중에 입둘레근이 수축한다. 이 근육은 눈에 보이는 입술의 가장자리 안에 있는 홍순(입술 피부)과 콧방울부터 턱에 이르는 입술 주변부에 있는 근육으로 이루어진 괄약근이다. 인간의 홍순은 말을 하기 위해 특별히 발달되었다.

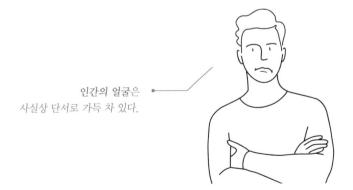

인간의 얼굴은
사실상 단서로 가득 차 있다.

# 03

# 화장실이
# 엿듣는다

간부회의에서 사장의 오므린 입술은 제기된 문제에 저항하는 신호이다. 그것은 사장의 뇌에 있는 브로카 영역에서 대안적인 생각이나 반대 이유가 형성되었다는 것을 나타낸다. 인간과 가장 가까운 동물인 침팬지의 뇌는 브로카 영역과 유사한 운동령이 얼굴을 찡그리거나 감정을 자극하는 울음소리를 내기 위해 동그랗게 오므린 입술 동작을 제어한다. 앞서 언급한 구달의 침팬지 연구에서, 침팬지들이 흥분할 때 내는 팬트 후트(울음 소리)가 그에 딱 들어 맞는 사례다.

사장의 동그랗고 오므린 입술 동작은 팬트 후트만큼 눈에 보이지도 않고 감정적이지도 않지만 분명한 감정 상태의 변화를 암시하고 있다. 입술 동작으로 말이 나오기 전에 뇌에서 논쟁적인 사고가 형성되고 있는 것을 볼 수 있다.

직장에서는 대면회의, 고객미팅과 간부회의가 사이트-리딩을 위한 비옥한 토지가 되어 준다. 그러나 당신이 그 회의에 초대받지 못한 외부인이라면 어떻게 해야 할까? 아마도 당신은 전략적으로 좋은 위치, 예를 들어 회의실과 가장 가까운 화장실에서 몸짓언어를 모니터할 수 있을 것이다. 카페인은 가벼운 이뇨제이기 때문에 회의실에서 커피를 마신다는 건 회의 참석자가 화장실을 가기 위해 회의실을 나올 수 있음을 의미한다. 그들이 복도를 걸어갈 때 회의실 안에서 표출되었던 꽉 다문 입술, 동그랗게 말아 쥔 주먹과 축 처진 어깨가 회의실 밖에서도 보일 것이다. 감정적으로 반응하는 얼굴, 어깨와 손의 근육들이 자신의 느낌을 천천히 지우기 때문에 두려움, 불확실성과 분노가 회의실에서 나온 뒤에도 계속되기 때문이다. 마치 관성의 법칙처럼 한 번 시작된 감정은 될 수 있으면 그 자리에 오래 머무르려 한다.

1989년 미국 역사상 가장 큰 기업담보 차입매수가 진행되었다. 식품 담배 회사 RJR 내비스코를 매입하는 과정에서 사모펀드 운용사 KKR 측에 멋진 성과를 안겨준 것은 바로 화장실 감시였다. 교활하게도 KKR은 이중문으로 굳게 닫혀 개최되고 있는 RJR의 이사회를 모니터하기 위해 회의실에서 6m 정도 떨어진 곳에 있는 빈 사무실을 선택했다. 그곳에서 KKR은 자신들의 250억 달러 상당의 공개매수가 끝나기를 기다렸다.

커피가 방광을 채우면서 RJR 이사들은 "화장실 순찰"을 담당한 KKR 직원들을 지나쳐 걸었다. KKR 직원들은 RJR 이사회의 호가가 어느 수준인지 알아보기 위해 잦아드는 탄성, 부자연스러운 미소, 눈에 보이는 으쓱임, 윙크와 끄덕임과 같이 단순하지만 효과적인 신호가 있는지 살펴보러 화장실로 시찰을 나갔다.

RJR을 손에 넣기 위한 게임에서 KKR의 핵심 상대는 내비스코의 최고경영자인 로스 존슨이었다. KKR의 주요 협상자인 핸리 크래비스와 달리 존슨은 협상에 참여하지 않고 이사회가 열리고 있는 회의실에서 3층 아래에 있는 사무실에서 RJR의 결정을 기다리는 것을 선택했다. 너무 멀리 떨어져 있었기 때문에 존슨과 그의 동료들은 위층에서 발생하는 몸짓언어와 감정적인 대화를 파악하는 것에 실패했다. 존슨이 복도를 걸을 때 잔뜩 경직되어 있던 이사회 참석자들의 얼굴이나 아는체하는 표정, 공모하는 듯한 미소, 제어되지 않고 흘러나오는 격앙된 감정상태를 보기만 했더라도 이사회가 두 개의 응찰 상대 사이에서 심각하게 망설이고 있다는 것을 알아차릴 수도 있었을 것이다. 나중에 밝혀진 것처럼 회의실 밖에서의 표정들은 존슨과 KKR을 지지하는 이사들이 사실상 동수라는 것을 드러내고 있었다. 다시 말해 이사회 투표 결과는 어느 쪽으로든 향할 수 있었다.

이사들의 몸짓언어에서 투표 의사가 반반인 것을 감지한 KKR은 노력에 박차를 가했다. 동수인 것을 보지도 못하고 감지하지도 못한 로스 존슨은 자신의 결심을 고수했다. 존슨이 회의에 참석해 이사회 참석자들의 몸짓언어를 파악하고 이를 이용하여 자신의 주장을 펼쳤다면 그가 이겼을지도 모른다. 하지만 존슨은 아무것도 하지 않았다. 그는 팔 뻗으면 닿는 거리에 있는 아래층에만 머물렀을 뿐이다. 반면

KKR은 회의실 바로 옆 화장실 감시를 통해 이사회의 동태를 실시간으로 파악하고 있었다. 마지막 순간에 이사 한 사람이 공식적으로 투표 의사를 RJR 내비스코에서 KKR로 바꾸었다. 그 전향은 재청을 받았다. "모두 동의하는군요."라고 이사회 의장이 말했다.

브라이언 버로와 존 헬리아스는 《문 앞의 야만인들(Barbarians at the Gate)》이라는 책에서 "모두가 손을 들었다. '반대하는 분 있습니까?' 아무도 손을 들지 않았다."라고 그 당시 상황을 묘사했다.

이 책에서 당신은 동업자, 동료, 이사들과 사장의 몸짓언어를 파악하는 것을 배울 것이다. 당신은 회사의 벽에 걸린 비싼 미술품부터 사무실 칸막이에 있는 스마일리 스티커까지 직장환경 그 자체에서 볼 수 있는 비언어적 신호들을 해독하는 것도 배울 것이다. 그것들은 각각 의미심장한 비언어적 신호를 보내고 있다. 당신은 이 신호를 통해 자신의 상사나 동료, 사무실이라는 공간에 관해 가능한 많은 것을 배우기를 원한다.

다음 장에서는 직장에서 매일 볼 수 있는 얼굴을 해독하는 것을 배울 것이다. 당신의 얼굴은 당신이 미처 말로 표현하지 않은 기분이나 의견을 표출하기도 한다. 당신은 자신이 느끼는 것을 동료에게 상세히 말하지 않았을지도 모르지만, 움푹 들어간 턱이 모든 것을 말하고 있을 수도 있다.

# Part. 02

# 비언어의 언어,
# 얼굴

# 인상이
# 사람을 평가한다

;
얼굴이 가지는 비언어적인 힘

얼굴은 모든 인간의 시각적인 등록상표로서 우리가 사진을 찍을 때 가장 많이 찍는 신체 부분이기도 하다. 오래 전부터 사진이나 거울에 얼굴을 담는 것은 혼령을 담는 것으로 여겨졌다. 많은 사회에서 얼굴이 마음을 반영한다고 이야기하는 것은 얼굴이 가지는 비언어적 표현의 힘을 보여준다.

미국의 경제신문인 《월스트리트저널(The Wall Street Journal)》만큼 사업가가 가진 얼굴의 힘을 생생하게 잘 표현하는 곳은 없다. 이 잡지는 헤드커트(Hedcut)라고 불리는 점묘법으로 그린 초상화를 통해 눈과 얼굴의 특징이 돋보이도록 머리와 어깨만 단정하게 잘라낸 스케치로 얼굴의 정수(精髓)를 표현한다.

1979년 화가 케빈 스프롤스에 의해 펜으로 그리는 헤드커트가 《월스트리트저널》에 도입되었다. 이 헤드커트는 보통 이목구비의 활기를 최소화한 진지한 표정을 담는다. 예를 들어 2007년 3월 22일 자에 실린 보더스(Borders)의 최고경영자 조지 존스의 헤드커트에서는 그가 차분한 눈길로 우리를 바라보고 있다. 짧은 머리, 다림질한 정장과 단정하게 맨 넥타이는 그의 지위를 확인할 수 있게 해 주는 장치가 되어 주지만 차분한 눈길이 주는 인상보다 중요하지는 않다. 2008년 10월 29일 자 도널드 트럼프의 헤드커트에서는 트럼프의 머리카락이 이마 위로 쏟아지려는 듯 예리하게 서 있다. 그의 위협적으로 부풀어 오른 머리만이 중요해 보인다.

도널드 트럼프는 직사각형의 얼굴에 광대뼈 사이의 면적이 크고 아래턱이 넓다. 반면 마이크로 소프트사의 이전 최고경영자 빌 게이츠는 타원형 얼굴에 빈약한 아래턱을 가졌다. 트럼프의 얼굴이 전체적으로 선이 굵다면 빌 게이츠의 얼굴선은 상대적으로 유약하다. 헤드커트는 얼굴의 인상적인 부분과 유약한 부분을 더욱 두드러지게 만드는데, 도널드 트럼프의 "힘 있는 얼굴"과 빌 게이츠의 소년 같은 표정에서 가장 뚜렷한 대조를 보인다.

트럼프는 좀 더 지배적인 얼굴을 하고 있고, 게이츠는 좀 더 순종적이며 사업가적인 얼굴을 하고 있다. 지배적인 얼굴이란 무엇이고 순종적인 얼굴이란 무엇인가? 시러큐스대학교의 사회학자 앨런 마주르에 따르면 "지배적인 것으로 분류되는 얼굴은 근육이 발달했으며, 가는 턱과는 대조적으로 돌출된 턱을 가지고 있고, 움푹한 눈을 가지고 있으며, 눈 위의 **뼈**가 뭉툭한 부분이 두꺼우며, 멋지게 생겼을 가능성이 크다. 순종적인 얼굴은 흔히 둥글거나 좁은 얼굴을 하고 있다."마주르는 지배적인 얼굴이 미군에서 높은 지위에 오르는 것과 충분한 연관 관계가 있다는 것을 발견했다. 해병대에서는 도널드와 같은 얼굴이 게이츠와 같은 얼굴보다 훨씬 많았다.

이처럼 얼굴의 특징적인 모습도 물론 중요하지만, 이 장에서는 턱이나 입술, 혀, 뺨, 눈꺼풀, 눈썹의 움직임 등과 같은 얼굴의 움직임에 대해 다룰 것이다. 가령 게이츠가 장난기 어린 웃음을 주로 보인다면 도널드는 호전(好戰)적이며 뿌루퉁한 얼굴을 보인다. 당신은 어느 얼굴을 한 사람과 사업을 같이 하고 싶은가? 오므린 입술, 뿌루퉁한 입술과 안쪽으로 말린 입술의 압박으로 의도하지 않은 메시지를 전달하고 있지는 않은가? 사장의 피로한 얼굴이나 불신 어린 표정을 어떻게 해독할 것인가? 논쟁을 마무리 짓기 위해 미소보다는 입술을 깨무는 것이 나을 때는 언제일까? 우리는 이런 질문에 답하기 위해, 더 나아가 직장에서 성공하기 위해 얼굴이라는 평원을 일주하면서 상대방의 얼굴을 파악하고 표정을 짓는 방법에 대해 배울 것이다.

# 미소 짓게
# 만드는 미소

스마일리의 힘

오늘날 많은 사무실에서 흔히 볼 수 있는 노란색 스마일리 (Smiley)는 사실 기발한 부착물 중의 하나이다. 그것은 포스터, 스티커, 사무실 문, 게시판과 탱탱볼에 부착되어 우리에게 행복한 기분이 들게 만든다. 스마일리는 "우리 사무실이 매일 느껴야 하는 건 바로 이거야!"라고 말하는 것 같다. 물론 초기의 스마일리는 눈이 없어 그것을 뒤집으면 울상을 짓는 표정이 되기도 해서 기분이 안 좋은 사람이 보았을 땐 슬프거나 우울한 느낌을 받기도 했다. 또 동료 대부분이 스마일리를 보고 행복하다고 느끼기에는 너무 바쁘다. 그런데도 칸막이로 된 좁은 사무실에는 여전히 스마일리 장식이 많이 부착되어 있다.

스마일리는 1960년대에 상업미술가 하비 볼이 디자인했다. 그 이후 그것은 행복을 나타내는 세계적인 그래픽 상징이 되었다. 노란 색깔은 기운을 돋우는 태양의 밝고 환한 빛과 관련이 있다. 둥근 얼굴, 두 개의 눈을 나타내는 점과 곡선으로 이루어진 웃음은 뉴기니부터 뉴욕까지 어느 문화권에서나 즉시 알아볼 수 있다. 하비 볼은 매사추세츠주 우스터에 있는 미국 상호생명보험회사 직원들의 사기를 북돋아 주기 위해 펼친 친선캠페인을 지원하고자 이 행복한 얼굴 모양을 디자인했다. 볼이 그 디자인을 완성하는 데 단 10분밖에 걸리지 않았다고 전해진다. 첫 번째 스케치에서는 생각하지 못한 것이 있었다. 기분이 언짢은 직원들이 거꾸로 뒤집어서 찡그린 모양을 표현하자 볼은 그렇게 하지 못하도록 눈을 나타내는 점을 추가했다.

아들인 찰리 볼은 "아버지는 스마일리의 힘을 이해하고 있었다. 비록 그가 아닌 다른 사람들이 그 디자인을 이용해 돈을 벌었지만, 아버지는 자신의 디자인을 대단히 자랑스러워했으며, 이러한 상황을 애석해 하지 않았다. 이 디자인을 자신의 유산으로 남기는 것만으로도 행복을 느끼며 세상을 떠났다."라고 했다.

두 번째 스마일리는 1982년 9월 19일 펜실베이니아주 피츠버그에 있는 카네기멜론대학교에서 탄생했다. 두 번째 스마일리를 고안한 스콧 팔만은 학교의 컴퓨터공학 게시판에 아스키코드(ASCII, 미국 정보교환 표준 부호)로 다음과 같이 게시했다. "웃기는 표시를 할 때 다음과 같은 순서로 문자를 배열하여 사용할 것을 제안한다. :-)" 오늘날 팔만의 웃기는 표시는 ☺와 같이 좀 더 귀여운 버전으로 진화했다. 당신도 "감사합니다." 다음에 :-)을 추가함으로써 메마른 이메일에 행복 한 조각을 더할 수 있다.

팔만이 제안한 웃는 표시는 하나의 이모티콘(Emoticon)이다. 여기서 Emote는 "감정(Emotion)", Icon은 "그림(Picture)"을 의미한다. 과거 이메일에 사용된 말들은 감정이나 느낌을 함께 전달할 수 없으므로 자칫 무뚝뚝하고 고집스러워 보일 수도 있었다. 오늘날 우리는 친밀감을 유도할 수 있는 수백 가지의 컴퓨터 이미지를 가지고 있다. ;)는 윙크, XD는 크게 웃는 것, :)는 히죽히죽 웃는 것과 같이 많은 이모티콘이 팔만의 원래 버전과 다르게 진화되었다. 고대 그림문자로부터 발달해 온 표기체계가 다시 상형문자의 그것으로 돌아가려는 움직임은 기호나 문자의 형태로나마 감정을 담아내려는 노력의 결정체이다.


## 세이프웨이의 실패한 미소 전략

미소는 사무실에서 많은 의미가 있을 수 있다. 당신을 마음에 두고 있는 사람에게 당신도 미소로 "나도 당신에게 마음이 끌려요."라는 도발적인 메시지를 보낼 수 있다. 이탈리아, 멕시코와 나이지리아와 같은 나라에서 여성이 남성을 향해 미소를 짓는 것은 자신에게 접근해도 좋다고 공개적으로 허락하는 것으로 여겨진다. 따라서 해외 파견을 나간 미국 여성 사업가는 불필요하게 웃음으로써 유발될 수 있는 의도하지 않은 결과에 주의해야 한다.

1990년대 후반 미국에서 "슈퍼마켓에서 의무적인 미소(Supermarket

Mandatory Smile)"가 유래했다. 1990년대 후반 미국에서 두 번째로 큰 슈퍼마켓 체인인 세이프웨이에서 종업원들에게 손님을 맞이할 때 미소를 지으며 고객과 눈을 직접 마주치라며 지시했다. 1998년 미국의 일간신문《유에스에이투데이(USA Today)》는 "세이프웨이의 종업원들은 의무적인 미소 짓기가 위험을 유발한다고 말한다."는 기사에서 12명의 여성 종업원들이 회사의 정책–눈을 마주치며 미소로 손님을 맞는 것으로 인해 수많은 남성 고객들이 자신들을 데이트 상대로 여기는 곤란한 상황을 겪고 있다고 보도했다.

세이프웨이는 곧바로 의무적인 미소 짓기 계획을 철회했다. 여성은 직장에서 꾸밈없고 상냥한 자신의 미소가 의도치 않게 남성 동료에게 호감의 표시로 보일 수 있다는 것을 항상 유의해야 한다. 당신이 미소를 지으며 수줍게 고개를 숙이거나 부드럽게 어깨를 들어 올리는 것은 호감을 더욱 증가시킬 것이다.


## 미소는 당신의 의상이다

나는 이 소제목을 2008년 싱가포르에서 열린 국제전자예술 심포지엄에 일본 예술가 모모요 도리미츠가 전시한 〈미소 :-), 그것을 의상처럼 입어라!〉에서 빌려왔다. 그녀는 싱가포르 국민의 미소와 관련된 사진들을 수집하였는데, 그 사진에는 기업의 임원에서부터 매혹적인 춤을 추는 댄서까지 다양한 직업을 가진 사람들이 있었다. 그녀는 각계각층의 사람들이 지닌 미소가 전달하는 다채로운 메시지를 보여주기 위해 그 사진들을 전시했다. 그녀는 "미소는 얼굴을 활용한 동작 중 가장 강력한 표현일 것이다."라고 말했다. 몸짓언어를 관찰해 온 나로서는 그녀의 말에 전적으로 동감한다.

도리미츠는 1996년 초 브로드웨이 인도에 실물 크기의 꼭두각시를 전시한 뒤 뉴욕시에서 예술가로서의 명성을 얻었다. 〈전진하는 미야타 상(Miyata-san in Action)〉이라는 공연전시의 한 부분인 꼭두각시(미야타 상)에게 일본의 중역이나 "샐러리맨"처럼 보이도록 옷을 입혔다. 미야타 상은 사업을 성공시키기 위해서라면 어떠한 희생이라도 무릅쓰겠다는 기개를 보이고자 인도에 엎드려서 군인처럼 팔꿈치와 무릎으로 기어나갔다. 그녀는 하얀 간호사 복장을 한 채 그의 옆에서 걸으면서 그를 도왔다. 미야타 상은 심각하게 긴장한 입술과 전투에 임하는 단호하고 결연한 얼굴을 하고 있었다.

작품을 모으면서 그녀는 회사의 유니폼이 각기 다른 것처럼 직업마다 구별되는 미소가 있다는 결론을 얻었다. 2008년에 그녀가 한 전시는 "미소가 내보내는 비굴, 매력, 확신과 권력에 관한 미묘한 메시지와 그것들을 우리 사회가 어떻게 해석하는지 찾아보려고 기획된 것이었다."라고 말했다.

"두려운 미소"는 침팬지가 입술을 말아 올려 이빨을 보이는 행동으로 복종의 표시나 강자 앞에서 곤란한 상황일 때 짓는 표정을 말한다. 여기에서 유래한 인간의 미소는 태어나서 죽을 때까지 평생에 걸친 보편적인 동작이다. 원숭이와 유인원이 짓는 두려운 미소는 공격할 의사가 없다는 복종심이나 소심함을 나타낸다. 인간이 직무상 짓는 두려운 미소에는 우리가 사장에 경의를 표할 때 짓는 미소를 들 수 있다. 우리가 약간 겁을 먹고 있다는 것이 표출되는 것이다. 하지만 인간의 미소에는 두려운 미소를 넘어 많은 미묘하고 감정적인 뉘앙스가 담겨 있다.

여성이 새로운 남자친구와 전화할 때 그녀의 얼굴에 나타나는 미소는 복종이 아닌 기쁨의 표현이다. 도리미츠가 자신의 전시에서 지적했듯이 사디즘의 경우에는 미소가 환희에서부터 공손함에 이르기까지 다양하다. 1964년 영화 〈골드 핑거(Gold Finger)〉에서 힘으로 007을 위협하기 위해 손바닥으로 골프공을 으스러뜨리는 사디스트적인 운전기사 오드잡이 제임스 본드에게 보였던 미소를 상상해보자. 사장이 당신을 미국 서부 캘리포니아주 남동부의 모하비 사막 중부에 있는 인구 2만 1천 명 수준의 소도시인 바스토 지사로 전근시키면서 오드잡 미소를 한다면 당신은 이력서를 업데이트해야 할 때인지도 모른다.

2008년 싱가포르 국제전자예술심포지엄에서 찍은 기념사진 속 도리미츠의 얼굴은 심리학자들이 말하는 "진정한 미소"를 띠고 있다. 그녀의 윗입술이 위쪽으로 곡선을 이루어 활짝 웃고 있을 뿐만 아니라 눈의 바깥쪽 구석이 눈꺼풀 봉합 쪽을 가리키며 주름져 있다. 그녀가 의도적인 "카메라 앞의 미소"를 했다면 눈 주위에 근육과 관련된 표시가 없었을 것이다. 그녀가 기념사진 촬영을 위한 의례적인 미소를 지었다면 좀 더 계산되고 덜 감정적인 미소가 되었을 것이다. 만약 사무실을 방문한 토너 판매자가 그런 미소를 짓는다면 당신의 사무실에 필요 이상의 토너를 팔고 싶어 한다는 신호이므로 주의해야 할 것이다.

　동료의 얼굴에서 미소를 보는 것은 사무실에서 얼굴을 맞대고 일하는 보상 중의 하나다. 미소가 전달하는 행복한 느낌은 전염이 된다. 당신은 승강기 안에서 마주친 동료의 미소를 통해 행복감이 저절로 솟아오르는 것을 느낄 수 있다. 미소 짓는 얼굴을 본 우리의 눈은 뇌의 바로 뒤쪽에 있는 후두엽 부위로 행복한 메시지를 보낸다. 후두엽과 뇌의 감정센터에 있는 거울 신경세포가 당신이 동료의 얼굴에서 발산되는 반가운 감정을 느끼도록 한다. 동료의 행복한 뇌에 감염된 당신의 뇌가 복도를 걷다가 만나는 다른 동료들에게 그 메시지를 되돌려준다. 그 신호가 동료의 얼굴에서 나타나든 문에 붙어 있는 스마일리에서 나타나든 그 반응은 대부분 똑같이 포근하고 온화한 기쁨의 느낌이다.

03
—

# 표정이
# 마음을 말한다

; 산타도 우는 아이에겐 선물을 안 준다

기분은 주식시장과 마찬가지로 변덕스러워 갑자기 변하기 쉽다. 사무실에서도 감정은 갑자기 바뀔 수 있다. 기분이 좋다가도 비우호적인 이메일이나 실망스러운 전화를 받고 나면 기분이 가라앉는다. 이럴 때 당신은 울고 싶어질 수 있다. 첫 번째로 나타나는 울음의 신호는 턱을 떠는 것이다. 피부가 떨림을 일으키도록 수축시키는 작은 근육인 턱끝근은 근전도검사 연구 결과 인간의 신체 중 가장 감정적인 근육으로 밝혀졌다. 그래서 울음이 시작되면 턱수염이 근육을 가리지 않는 이상 턱의 떨림과 피부의 주름을 감추기 거의 어렵다.

눈물샘 역시 턱끝근과 마찬가지로 조절하기 어려운 울음의 두 번째 신호이다. 눈물을 짜내도록 수축시키는 근육처럼 생긴 이 기관도 감정조절과 관련 있다. 그래서 일단 그것이 수축하면 눈물이 흐르는 것을 멈추기 어렵다. 여성의 눈물샘은 남성보다 많은 눈물을 만들어내므로 여성의 우는 얼굴은 남성보다 감추기 더 어렵고 주위 사람들이 알아채기 훨씬 더 쉽다.

울음의 세 번째 신호는 사람들이 완전한 흐느낌에 빠질 때 모든 얼굴 근육을 일그러트리는 현상에서 포착할 수 있다. 감출 수 없이 일그러진 얼굴로 우는 것은 그 사람의 감정이 통제 불능의 상태에 빠졌다는 것을 나타낸다. 이 통제불능의 상태를 당신의 동료에게 보이는 것은 사무실에서 우는 것과 함께 근본적인 문제가 있다.

2008년 1월, 미국 상원의원 힐러리 클린턴은 미국 대통령선거 기간 중 뉴햄프셔주 포츠머스 유세 중에 처음 두 가지의 울음 신호를 보였다. 그 순간이 카메라에 잡혀 미국의 정치전문가들이 그 상황을 논평했다. 미국의 정치 전문 일간신문인 《폴리티코(Politico)》의 헬레나 앤드루스가 나에게 클린턴 상원의원이 가짜로 울었느냐고 물었다. 나는 고통스러워하는 표정과 목잠김 상태는 진짜처럼 보인다고 대답했다. 나는 "그녀가 울음을 각색하거나 계획할 수 있었는지는 확신하지 못한다."라고 말했다.

힐러리 클린턴의 우는 얼굴은 대중으로부터 엇갈린 평을 받았다. 많은 사람은 그녀가 선거유세 활동 중 감정적인 순간을 우리에게 공유한 것이라고 옹호했다. 다른 사람들은 그녀의 눈물은 예비선거 유세 중에 남성 경쟁자로부터 받은 부당한 대우를 비통해하면서 각색한 거짓 울음이었다며 비난했다. 내가 이야기해본 대부분 사람은 클린턴

상원의원의 울음은 비록 일시적이었지만 나약함을 나타내는 유감스러운 일이었다고 말했다.

〈아무리 울어도 통하지 않을 때〉라는 제목으로 미국 시카고의 일간신문인 《시카고 트리뷴(Chicago Tribune)》에 기고한 글에서 로나 콜리어는 "어떤 여성도 직장에서, 특히 너무 자주 눈물을 보이는 것을 연약함의 신호로 보고 여성은 '너무 감정적'이라는 강한 고정관념에 사로잡힌 남자들 앞에서 우는 것을 원하지 않는다."라고 썼다. 콜리어는 뉴욕의 한 회사의 홍보부에 근무하는 젊은 여성 알렉산드라 레빗이 사장 앞에서 두 번이나 울었던 경우를 사례로 들었다. 레빗은 스트레스가 많은 홍보부서에서 일하다가 감정적인 사건을 겪고 눈물을 보였다. 그녀는 열심히 일했음에도 그 일로 승진 기회를 잃고 결국 회사를 그만두어야 했다. 미국 경제 전문지 《포춘(Fortune)》이 선정한 500대 기업 중의 한 곳에 근무하는 남성 중역은 일하다가 공공연하게 우는 여성 동료들에 대해 "나는 그녀들이 울 때면 참을 수가 없다. 토닥이고 껴안아주고 싶지만, 그 어느 것도 할 수가 없다."라고 말했다.

울음이 터질 것 같으면 분노로 대체하라. 울음이 도피 수단으로 사용되지 못하도록 전투적인 기분을 취하라. 스스로가 사장의 배나 코를 주먹으로 치는 상상을 하라. 사무실에서 분노를 표출하는 것은 패배보다 좀 더 생산적인 감정이다.

2008년 11월 24일, 온라인 벼룩시장인 《크레이그리스트 (Craigslist)》에 게재된 구인광고다.

안녕하세요.
웨스트포트에서 20분 이내의 거리에 살고 있으면서
바쁘게 지내고 싶은 '행복한 사람'이라면 응모하세요.
엄청 바쁜 사무실에서 월요일부터 금요일,
아침 9시부터 오후 3시까지 일하게 됩니다.
컴퓨터와 전화에 능해야 합니다.

우리는 사무실에서 미소와 행복한 기분이 전염되는 것을 알았다. 얼마나 전염되는가는 1983년~2003년까지 20년이 넘는 기간 동안 4,739명의 행복감을 추적한 기념비적인 연구로 밝혀졌다. 이 연구는 어느 한 사람의 행복감이 다른 사람에게 1년까지도 긍정적인 영향을 미칠 수 있다는 것을 밝혀냈다. 연구자들은 행복감이 봉급 인상, 승진이나 복권 당첨으로부터가 아니라 단순히 행복한 사람 옆에 있는 것으로부터 비롯된다는 것을 알아냈다.

동료로부터 독감이 전염되는 것처럼 당신도 행복감에 전염될 수 있다. 당신도 동료를 감염시킬 수 있고, 그는 차례로 그의 배우자를 감염시키고, 그녀는 행복감이라는 그 유행성 질병을 자신의 친구들에게 감염시킬 수 있다. 하버드대학교의 니콜라스 크리스타키스와 샌디에이고에 있는 캘리포니아대학교의 제임스 파울러는 그들의 사회관계망에 관한 종적 연구에 널리 알려진 프레이밍햄 심장병 연구 자료를 활용했다.

'프레이밍햄 심장병 연구'는 1948년 미국 매사추세츠주의 프레이밍햄에서 실시한 심장병에 관한 계획조사로, 30세에서 59세 사이의 5,209명을 2년 간격으로 20년간 건강진단을 한 결과 심장병 발생에 성, 나이, 혈압, 혈청 콜레스테롤과 심전도 소견 등이 복잡하게 관련된 것을 해명했다. 이 연구는 심장병 연구에 중요한 정보를 제공했다.

파울러는 한 인터뷰에서 "사회관계망에 관한 종적 연구 결과에 따르면 친구의 친구가 행복한지 아닌지가 5천 달러의 봉급 인상보다 더 많은 영향을 미친다."라고 말했다.

행복한 사람이 다른 행복한 사람의 사회관계망 안에 들어가게 되면, 그 사람이 얻는 행복감은 더욱 커지게 된다. 당신이 결코 본 적이 없는 관계망에 있는 사람들, 예를 들어 당신 동료의 친구들의 친구들도 영향을 받는다. 연구에서는 사무실에서 세 다리 건너서까지도 행복감이 미칠 수 있다고 밝히고 있다.


행복감은 뇌의 쾌락중추 자극으로 발생하는 만족감, 행복이나 기쁨에 대한 본능적인 느낌이다. 행복감은 미소와 웃음, 그리고 알았다는 의미로 눈썹을 찡긋하는 것과 같은 비언어적인 형태로 나타난다. 예를 들어 눈썹을 찡긋하는 것은 접수 담당자가 당신을 맞을 때 양쪽 눈썹을 빠르게 들어올리는 것과 같이 인간의 보편적인 신호다. 행복감을 나타내는 비언어적 신호는 대개 얼굴 아래쪽과 눈 부위에서 분명하게 나타나는데, 이 신호는 5~7개월 된 아기에게서 처음으로 뚜렷이 보이기 시작한다.

다시 앞의 구인 광고를 생각해 보자. 그 광고를 낸 회사는 최근 사회관계망에 관한 연구를 알지 못했을 수도 있다. 하지만 회사의 누군가는 행복한 직원이 주는 긍정적인 영향력을 알고 있었다. 그러한 결정에 대한 투자수익률은 금방 올라서 몇 년간 지속될 것이다.


## 아이는 표정에서 감지한다

특히 어린이들은 다른 누군가의 표정에 전염되기 쉽다. 가령 행복한 부모의 얼굴은 아이의 얼굴에도 행복을 안겨준다. 반대로 슬픈 표정은 어린이에게 슬픔을 느끼게 한다. 부모가 사무실 업무 때문에 스트레스를 많이 받으면 아이도 그러한 부정적인 감정을 감지하고 스트레스를 느낀다.

뉴욕의 토타완다에 베일리 헤이그라는 세 살짜리 여자아이가 있다. 엄마가 전화로 아빠의 일시해고에 관해 이야기하고 있다. 엄마의 목소리에 두려워하는 느낌이 감돌자 그녀의 얼굴에 감정이 나타났다. 《월스트리트저널》 기자 수 셸렌바저는 자신의 기사에 "전화를 받던 엄마가 아빠의 일시해고에 반응하는 소리를 듣자 그 어린 소녀의 미간이 찡그려지면서 얼굴이 슬퍼졌다."라고 썼다. 클레어 헤이그는 남편과의 통화를 끝냈을 때 딸의 얼굴이 울음을 터뜨릴 듯이 일그러지는 것을 보았다.

클레어는 딸의 정신적 고통의 신호를 재빠르게 파악하고 그녀를 안심시키기 위해 "아빠가 집에 오면 많이 포옹해 줘."라고 말했다. 언제나 그렇겠지만 부모들은 사무실에서 충격적인 사건을 겪고 자녀가 기다리는 집에 들어갈 때는 특히 주의할 필요가 있다. 클레어가 딸에게 긍정적인 감정을 표현할 방법을 제안한 것은 현명한 판단이었다.

이 장에서 우리는 감정, 느낌과 기분을 나타내는 간판으로서의 얼굴을 파악했다. 일반적으로 직장에서는 자신의 기분이나 감정 상태를 말하지 않는다. 따라서 상대방의 진솔한 대답을 원한다면 그의 얼굴을 살펴봐야 한다. 얼굴이 나타내는 주요 특징들과 그 움직임을 알면 동료의 머리속을 좀 더 잘 들여다 볼 수 있다. 다음 장에서는 얼굴에 나타나는 주요 특징을 통해 동료가 무슨 말을 하고 있는지 파악하는 것을 배울 것이다.

울음은 당신의 도피처가 될 수 있다.
웃음은 당신의 강점이 될 것이다.

Part. 03

# 시선
# 마주치기

# 01

# 눈으로
# **소통하다**

; 눈을 마주친다는 것

　　캘리포니아주 코스타 메이사에 있는 조르지오 아르마니 매장
의 지배인 크리스는 매일 마지못해 출근해 영업보다는 수다 떠는 것
으로 하루를 보내는 젊은 직원 한 명 때문에 골머리를 앓고 있었다.
그에게 위협하는 메모를 쓸까, 다음번 직원회의에서 무안을 줄까, 인
사고과에 반영할까? 기특하게도 크리스는 아무것도 하지 않았다. 대
신 그녀는 1 대 1로 만나 얼굴을 마주보면서 그의 눈을 주의 깊게 살
펴보기로 했다.

　　어느 날 크리스는 그를 옆으로 불러 다음과 같이 말했다.

　　"알다시피 너는 얼마든지 중요한 사람이 될 수 있고 오늘 여기서부
터 시작할 수도 있지. 네 삶이 너에게 아무런 영향도 주지 못하고 스
쳐 지나가게 두지 마."

크리스는 눈을 마주 보고 호소하면서 그 젊은이의 마음을 움직이는 데 성공했다. 그는 한 달도 안 되어 매장의 최우수 판매원이 되었다. 서면 경고장을 사용하는 대신 크리스는 자신의 눈을 믿었던 것이다.

상대방의 눈을 자세히 들여다보며 눈을 마주치는 것은 곧 상대방과의 시각적인 연결을 의미한다. 크리스는 그 젊은 영업사원과 눈을 마주침으로써 그와 시각적인 연결에 성공한 것이다. 고도의 감정적 연결은 두 사람이 동시에 상대방의 눈을 들여다볼 때 형성된다. 망막은 뇌의 앞부분에서 자라난 것이기 때문에 누군가의 눈을 들여다보는 것은 그 사람의 마음을 들여다보는 것과 같다. 이것은 모든 것을 볼 수 있는 신성한 눈으로 알려진 고대 이집트의 '성스러운 호루스의 눈'(Eye of Horus, '태양의 눈' 또는 '달의 눈'이라고도 부른다.)이 보호, 달이나 태양과 같이 다양한 상징과 의미를 가진 이유인지도 모르겠다.

성스러운 호루스의 눈(Eye of Horus)

힌두교에서 숭배되고 있는 시바 신은 세상을 파괴하기도 하고 복구하기도 하는 힘을 지녔다. 그의 미간에 있는 "제3의 눈"은 전능해 모든 것을 볼 수 있으며, 외부의 모든 것을 태워 버릴 힘을 지녔다. 크리스는 눈을 마주치는 것으로 젊은 영업사원의 태도를 변화시키고 생산성을 회복시켰다. 그러나 눈을 마주친다는 것은 때론 시바의 제3의 눈처럼 상대방을 파괴하는 뜻을 지닐 수도 있다.

2001년 10월 24일, 엔론의 새로운 회장인 그레그 웰리가 텍사스주 휴스턴에 있는 본사 회의실에 갑작스럽게 들어왔다. 직사각형 회의 테이블 건너에 있는 최고 재무담당자 앤드루 패스토우를 "힐끗" 보고는 "당신은 지금 이순간부터 더는 최고 재무담당자가 아니야!"라고 말했다. 정신이 멍해진 패스토우가 믿을 수 없다는 듯이 고개를 흔들며 대답하려고 했다. 그러나 웰리는 전직 최고 재무담당자를 조용히 시키기 위해 그저 손바닥이 밑으로 가게 해서 손을 쭉 뻗고서는 경멸적인 표정으로 자신의 얼굴과 눈을 돌렸다. 그것은 가장 명확한 비언어적 신호였다. 회장의 외면하는 눈이 "당신은 해고야!"라고 말하고 있었다.

위의 사례에서 보여주듯이 사업계에서 응시하는 눈은 양면성을 갖는다. 개인적인 관여를 나타내는 응시는 세상의 복원자일 수도 있고 파괴자일 수도 있다. 이 장에서 우리는 눈의 움직임, 상태, 동공과 눈꺼풀 위치가 사람들의 감정, 의견, 건강과 기분을 어떻게 드러내 보이는지 검토해 볼 것이다. 우리는 동료의 진짜 느낌을 가늠하기 위해 그의 눈을 응시하는 놀라운 능력을 갖추고 있다. 시각적인 연결을 차단

하는 것은 직장에서 무엇을 말하는 걸까? 일본에서 회의 중에 시선을 마주치는 것이 멕시코, 러시아나 중국에서 그렇게 하는 것과 어떻게 다른가? 회의실에서 동료를 볼 때 얼마나 오래 응시해야 할까? 이러한 질문들에 대한 답을 찾기 위해 동료의 눈을 통해 그의 머릿속을 살펴보는 방법과 당신의 눈이 드러내 보일 수도 있는 것은 무엇인지에 대해 배울 것이다.

# 02
—

# 차단기로
# 접속 끊기

**;** 눈을 마주치지 않는 스타벅스

알렉스, 밀러드와 스테판이 공통으로 가지고 있는 것이 무엇일까? 이 셋은 모두 커피를 좋아해서 스타벅스에 자주 간다. 하지만 그들은 단순히 음료를 제공해주는 것뿐만 아니라 종업원이 자신들과 눈을 마주치는 성의도 함께 보이기를 원한다. 알렉스는 자신이 들르는 시애틀 시내의 '바쁜' 스타벅스 한 곳을 "고객이 주문하기 위해 종업원과 시선이 마주치기를 기다리고 있는 동안 저들끼리는 크게 잡담하고 웃는 것을 좋아하는 곳이다."라고 불평했다.

다음으로 밀러드도 "최근에 몇몇 스타벅스 종업원들은 내가 주문할 때 심지어 아는 체하거나 시선을 마주치지도 않는다. 나는 그것이 무례하며 몰이해하다고 생각한다."라며 통탄했다. 마지막으로 스테판은 자신이 들르는 스타벅스를 이탈리아에서 방문했던 에스프레소 바와 비교해서 "전혀 모르는 사람이라도 이탈리아 에스프레소 바의 바리스타는 방문한 고객과 시선을 마주치며 당신에게 어떤 커피를 마시고 싶은지 바로 물어본다."라고 했다.

세 명 중 누구도 스타벅스 커피에 불만이 있는 것이 아니다. 그들은 시선 마주치기 없이 커피가 제공되는 것에 불만을 품고 있다. 그들의 언급에서 알 수 있듯이 직장에서 시선을 마주치지 않은 것은 업무 수행에 부정적일 수 있다. 종업원이 당신을 보지 않으면 당신은 그가 자신에게 관심이 없는 것으로 생각하고 다른 곳으로 갈 것이다. 반면 바리스타가 환영하는 눈빛으로 당신을 맞으면 그가 제공하는 커피가 더 맛있게 느껴질 것이다.

시선을 마주치는 강도나 지속시간은 나라마다 다르다. 미국에서는 듣는 사람이 말하는 사람의 눈을 직접 바라보는 것이 권장된다. 아랍에서 사업할 때는 좀 더 꿰뚫어보는 듯이 오래 응시하는 것이 요구된다. 하지만 일본에서는 직접 시선을 마주치는 대신 듣는 사람이 말하는 사람의 목에 초점을 맞추라고 가르친다. 일본인은 아랍인의 직접적인 응시가 너무 강렬하다고 느낀다. 반대로 이집트인은 일본인 동료의 낮춰진 눈길을 당황스럽게 느낄지도 모른다. 눈이 전하는 메시지에 대한 문화적 차이를 더 알고 싶다면 뒤에 기술한 〈여기는 로마가 아닌데〉를 보라.

영장류인 인간은 상대방이 어디를 보고 있는지 세심하게 관찰할 수 있다. 사실 인류학자들은 우리 눈의 흰자가 검은 동공과 유색의 홍채가 응시하는 방향을 좀 더 정확하게 나타내도록 진화했다고 생각한다. 방 건너편에 있다 하더라도 누군가가 우리 쪽을 바라보면 우리는 아주 정확하게 그것을 알아볼 수 있다.

병원 대기실에서 환자들은 다른 사람의 동공과 홍채를 살펴보기 위해 규칙적으로 잡지에서 눈을 떼고 힐끗 쳐다본다. 자신의 눈길이 머무는 곳을 제어하려고 의식적으로 노력하지만, 눈은 "자신만의 마음"을 가지고서 자신이 원하는 곳을 본다. 직원회의에서 우리는 상대방의 눈과 손동작, 테이블 위에 놓인 간식이 보고 싶어진다. 영장류의 뇌는 이 세 가지 중에서 가장 먼저 봐야 할 항목을 찾아낸다. 예를 들어 우리는 동료의 카페라테에는 관심을 기울이지만 그의 휴대전화기에는 거의 눈길도 주지 않는다. 동물원 울타리 안에 있는 고릴라가 서로의 손과 눈을 모니터하듯이 우리도 상대방의 눈이 어디를 향하는지 점검하고 상대방의 손이 어떻게 움직이는지 쳐다본다. 인간과 고릴라 서식지에서 위와 같은 행동은 처음 만나자마자 마음이 통한 것이라기보다는 비언어적 단서와 그것에 함축된 의미를 파악하는 과정이다.


아데나를 회피하는 사장


아데나가 "시선 마주치기에 대해 질문이 있다."라며 이메일을 보내왔다. 종업원들은 종종 상담사인 나에게 자신과 동료의 몸짓언어에 대한 의견을 구하곤 한다. "어제 새로운 직장에 첫 출근을 했어요. 우리 기술팀의 다른 여성 직원도 어제가 첫 출근이었어요. 사장과 함께 셋이 서 있을 때 사장은 저보다 그녀를 좀 더 직접적으로 봐요. 사장이 저를 못마땅하게 여기거나 싫어하고 그녀를 편애한다는 표시인가요? 그런 부정적인 분위기에서 일을 시작하기는 싫어요. 그가 그럴 때마다 정말 차별받는 느낌이 들어요. 제가 못마땅한 것인지 단지 그가 그녀를 좀 더 편안하게 느끼는 것인지에 대한 의견 좀 보내주세요. 잘 모르겠어요."

그녀가 직장에서 발생할 수 있는 특별대우의 희생양일 수도 있다고 아데나에게 답신했다. 그것을 출근 첫날부터 느꼈다는 것은 좋지 않은 징조였다. 나는 그녀에게 좀 더 상세히 설명해보라고 요구했고, 그녀에게 답장이 왔다.


그와 저는 출근 첫날 그의 사무실에서 1 대 1 대화를 가졌어요.

그날은 저에게 아주 중요한 날이었어요.

저는 좋은 분위기로 출발하기를 원했어요.

같은 날 똑같이 처음 출근한 그녀는 저보다 먼저 그와 만났어요.

그가 그녀와 많은 시간을 보낸 다음 저를 만났는데

그가 너무나 이상했어요.

그는 계속 아래를 보며 눈길을 돌렸어요.

그러더니 옆에 있는 서류를 계속 넘기다가 일어서서

자신의 책상으로 걸어갔어요.

그런 다음에 우리 미팅을 서둘러 끝내버렸어요.

그는 어떤 말도 하지 않았지만,

그가 저를 사무실 밖으로 내동댕이친 것 같았어요.

대학생활과 비교했을 때 이러한 사장·직원 관계는

제가 역겨운 의붓자식처럼 느껴지도록 만들었어요.

이 미팅이 있었던 다음날

그가 우리 둘에게 다가와 대화를 시작했는데

모든 시간을 그녀만 쳐다보았어요.

얼마나 이상해요!

다른 비언어적 신호보다 시선 마주치기에 대해 좀 더 물어보았다. 아데나의 경우는 분명히 특별대우를 받는 반대 측에 있었다. 첫째, 사장의 시선 마주치기가 동료가 받은 것보다 현저하게 적었다. 둘째, 방치가 반복되었다. 이것은 눈길을 주지 않는 것과 같은 뜻을 내포한다. 셋째, 상대방에게는 눈길조차 주지 않고 서류만 넘기기, 함께 앉아 있던 테이블에서 먼저 자리 떠버리기, 미팅을 짧게 끝내기 위해 보이는 서두르는 듯한 동작 등도 모두 무례한 눈길과 일관된다. 아데나는 자신의 사장으로부터 다른 동료와 같은 수준의 관심이나 시간도 할애받지 못했다.

나는 아데나가 어떻게 느꼈을지 알고 있다. 나에게는 직원들의 눈 대신 입을 응시하며 말을 하는 사장의 밑에서 일한 경험이 있다. 우리는 모두 그가 기이하게도 눈이 아닌 입을 응시한다는 것을 눈치채고서 그것에 관해 이야기하곤 했다. 도대체 그것이 무엇을 의미하는가?

영장류의 입장에서 상대방을 바라보지 않는다는 것은 보통 "좋아하지 않는 것"으로 해석된다. 영장류 동물학자 스튜어트 알트만은 "그래서 붉은털원숭이, 개코원숭이, 보닛원숭이와 고릴라를 설명할 때 기술된 것처럼 시각적인 접촉을 피하는 것은 상호작용을 회피하는 한 가지 방법으로 해석될 수 있다."라고 기술했다. 아데나의 경우처럼 사무실에서 사장이 시선을 마주치려 들지 않는다는 건 상대방을 꺼리는 마음을 무심코 드러내는 것이다. 내 사장은 모든 사람의 눈을 동등하게 회피했다는 점에서 훨씬 더 특이한 경우에 속했다. 그것은 홍콩과 도쿄에서는 특이한 일이 아니지만, 미국에서는 보기 드문 패턴이었다.

상대방 눈길을 피해버리는 행동은 그와의 상호작용을 거부하는 마음을 아주 효과적으로 보여준다. 당신이 신제품 출시에 대한 의견을 공유하기 위해 동료와 미팅하는 것을 마음속에 그려보자. 당신의 제안 도중에 동료의 눈이 더는 당신의 눈을 보고 있지 않은 걸 눈치챈다. 그의 얼굴은 당신의 왼쪽 90도를 향하고 있다. 시선을 돌리는 그의 행동은 그가 당신의 계획을 싫어하거나 동의하지 않는다는 것을 나타내는 명확한 신호다. 동료의 얼굴이 그렇게 멀리 돌아가버린 한 동의를 받을 확률이 거의 없다. 더 진행하기 전에 당신의 계획에 더할 것이 있는지 물어봄으로써 그의 얼굴과 눈을 다시 가져올 필요가 있다. 미팅이 끝나기 전에 얼굴과 얼굴을 맞대고서 반대 의견들을 말끔히 정리할 필요가 있다.

　　"사무실에서의 태도를 개선합시다."라는 기고문에서 아널드 멜닉 박사는 자신이 다니는 의원에서 겪은 형편없는 의사소통을 불평했다. 그가 예약시간에 도착했을 때 진료실 앞에 있는 접수대나 대기실은 텅 비어 있었다. 다른 환자가 들어와서 그의 옆에 자리했다. 그후 그 둘은 여성 접수 담당자가 돌아와서 접수대에 자리할 때까지 10분을 기다려야 했다. 멜닉은 "그녀는 거들먹거리며 분주하게 서류 작업이나 전화 통화하면서도 우리의 시선을 회피하기에 바빴다. 그녀는 심지어 '안녕하세요?'라는 인사조차 하지 않았다."라고 말했다.

　　멜닉이 접수하기 위해 접수대로 다가갔다. 그녀는 이름을 받아 적은 뒤 기록철을 가져와야 한다고 말하고는 자신의 눈을 서류 작업으로 돌렸다. 그녀는 예약 진료가 시작되기도 전에 성급하게 그를 무시해버린 것이다.

　　내과의사인 멜닉은 자신이 경험했던 의원의 형편없는 의사소통에 대해 미국 정골의학협회의 공식 소식지인 《The DO》에 기고했다. 그는 의원에 근무하는 직원은 항상 "우리 의원에 오신 것을 환영합니다."라는 것을 나타내는 언어적·비언어적 신호를 하면서 환자들을 맞이해야 한다라고 결론지었다. 그는 전화를 받고 있다 하더라도 시선을 마주치고, 미소를 지으며, 고개를 끄덕여 인사를 할 수 있다고 상기시켰다. "예, 저는 당신을 보고 있어요."라는 간단한 메시지가 있었다면 좀더 행복한 멜닉이 자신의 불만을 글로 쓰지 않았을 수도 있었다.

# 03

# 여기는
# 로마가 아닌데

비즈니스 세계에서 시선 마주치기

회의 테이블 건너편 상대방 눈에 대한 사이트-리딩을 하고 있을 때는 그 테이블이 속한 나라를 유념해야 한다. 이제까지 이 책에 인용된 사례들은 대부분 미국에서 사업을 할 때 존재하는 것들이다. 하지만 당신이 이탈리아에서 눈을 관찰한다면 눈의 습성에 차이가 있음을 알게 된다. 중국에서는 더 큰 차이가 있다. 이탈리아 로마에서 임무를 수행하는 미국인은 테이블 너머에 있는 이탈리아인이 자신에게 반복해서 시선을 던지고 심지어 빤히 쳐다볼 땐 불편함을 느낄 수 있다. 업무회의에서 이탈리아 사람은 미국인보다 더 직접 시선을 마주치는 것이 일반적이다. 따라서 이탈리아에서 받는 강렬한 시선은 나에 관한 관심과 우호적인 반응으로 이해하면 된다. 이탈리아에서는 오래 바라보는 것이 전형적인 행동 양식이다. 그러나 베이징에서 테이블 너머로 빤히 바라보는 것은 분노, 도전이나 공개적인 적대행위를 나타내는 부정적인 신호일 수도 있다. 적대적인 시선을 느낀 당신은 이곳이 더는 로마가 아니라는 사실을 체감할 것이다.

《중국인과 함께 일할 때 필요한 18가지 팁(18 Practical Tips on Working with Your Chinese Partners)》의 저자인 제임스 찬 박사는 "중국인은 화가 나면 지속해서 시선을 마주치는 경향이 있다. 그렇지 않았을 때는 말을 하면서 다른 곳을 보거나 무심한 처한다."라고 했다. 아시아인과 회의할 때 당신은 그가 말을 하면서 멀리 응시하거나, 옆을 보거나, 메모를 흘깃 내려다보면 그가 당신을 무시하거나 회의로부터 배제한다고 느낄 수도 있다. 하지만 그것은 진실이 아니다. 시선을 피하는 것은 중국에서 사업을 할 때 정말 우려할 필요가 없다. 그것은 그냥 관습이다.

찬은 "중국인에게는 지속해서 시선을 마주치지 않는 것이 관심이나 존중이 없다는 것을 나타내지 않는다. 반대로 지속해서 시선을 마주치는 것은 부적절한 것으로 여겨진다. 그것은 때때로 도전이나 반항으로 간주한다." 미국에서 우리는 관심, 존중과 진실성을 보여주기 위해 업무환경에서 직접 시선을 마주치라고 배워왔다. 그러나 직접 시선을 마주치는 것, 특히 부하가 상사에게 그렇게 하는 것을 무례한 행동으로 간주하는 중국에서 그런 가르침은 문제를 발생시킬 수 있다. 상사는 시선을 마주치는 것을 자신의 권위에 대한 직접적인 도전의 신호라고 해독할 것이다. 따라서 중국인과 회의를 할 때는 그의 눈을 직접 보지 않은 채 듣고 말하는 것이 적절하다. 상대방은 당신이 그렇게 할 거라고 기대하고 있다.

미국인 사업가에게 중국인의 눈길에 관한 관습이 흥미를 끈다면 일본인의 눈길에 관한 관습은 훨씬 불가사의할 것이다. 가츠오 니시야마는 《일본인과 사업하기(Doing Business with Japan)》라는 책에서 "일본인 사업가는 지속해서 시선을 마주치는 걸 고압적이며 무례하다고 느끼기 때문에 어려운 협상 과정에서 시선을 자주 이동시킨다. 이러한 시선의 이동은 미국인 동료에게 무관심하고 정직하지 못한 사람으로 비칠 수 있다."라고 말한다.

중국에서와 마찬가지로 회의 중에 누군가의 시선이 어디 있느냐 하는 작은 차이가 큰 오해를 불러일으킬 수 있다. 일본인은 인사를 할 때 손과 팔을 몸 옆에 붙이고 허리부터 앞으로 굽히며 인사한다. 이러한 인사에는 시선이 마주치는 것을 피하기 위한 그들의 습관이 포함되어 있으므로, 당신이 이 인사를 해야 할 때 당신의 시선은 바닥을 향하게 해야 한다. 앞으로 다가서며 시선을 마주치고 손을 내밀도록 가르침을 받은 미국인에게는 그런 인사를 하기도 어렵고 받기도 어려울 것이다. 미국인에게 시선 마주치기와 악수는 아이스크림과 애플파이와 같이 자연스러운 것이다. 하지만 일본인에게 더 자연스러운 것은 아이스크림이나 애플파이가 아닌 디저트 쌀떡인 유이로(Uirō, Japanese: 外郎, 外良, ういろう)와 간 얼음인 카키고리다. 존 알스톤과 이사오 다케이가 《일본의 비즈니스 문화 및 관행(Japanese Business

Culture and Practices)》에서 기술했듯이 "일본에서는 오래도록 시선을 마주치는 것이 무례한 것으로 여겨지기 때문에 악수하거나 자신을 소개할 때 눈을 시선 아래에 둔다. 다른 사람의 시선 마주치기가 부족하다고 해서 자신이 무시당했다고 느끼지 마라. 그들은 단지 과한 시선 마주치기를 피함으로써 존경을 나타내 보이는 것이다."

시선 마주치기의 차이가 잘못된 판단을 유도할 수 있다. 일본에서는 지속해서 시선을 마주치는 것이 종종 공격적이고, 적대적이며, 무례하고, 평등을 주장하는 것으로 보인다. 그러나 이스탄불에 있는 회의실에서는 그 반대다. 터키인 동료의 말을 들을 때 강력하게 시선을 마주치는 것은 정직의 신호로 여겨진다. 터키인은 말을 들을 때 강력하게 시선을 마주치는 것이 곧 정직과 관심의 표시라고 여기기 때문에 미국인 사업가가 터키 회의실에서 받는 시선은 미국보다 더 강렬하게 느껴질 수 있다. 터키와 미국의 시선 마주치기의 차이는 회의가 끝난 후 더 잘 보인다. 회의가 끝난 후 의자에서 일어선 미국인에게 터키인 직장 동료는 그가 익숙한 것보다 좀 더 가깝게 다가선다. 미국에서는 비공식적인 대화 때 얼굴 간의 거리가 보통 50센티미터지만 터키에서는 거의 30센티미터까지 거리를 좁히기도 한다. 그러므로 너무 가까워 불편하게 느껴진다고 하더라도 시선을 회피하거나 뒤로 물러서지 않도록 권고한다. 그렇게 하는 것은 비우호적이거나 무례한 것으로 보이기 때문이다.

영장류 동물학자 구달은 우리와 가장 가까운 동물인 침팬지가 성인이 되면 서로에게 오래 또는 지속적인 시선 마주치기를 하지 않는다는 것을 발견했다. 그러나 인간의 경우에는 시선 마주치기가 문화에 따라 다르다. 이탈리아에 있는 미국인이 진지함과 정직함을 전달하기 위해서는 말을 할 때 강한 시선 마주치기를 유지해야 한다. 러시아에서 직접적인 시선 마주치기와 단호한 악수는 힘을 의미한다. 프랑스에서 좋은 관계를 유지하고 싶다면 중간 수준의 시선 마주치기를 권고한다. 멕시코 동료와는 이따금 하는 시선 마주치기가 일반적이다. 즉 멕시코에서 하는 회의에서 오래도록 상대방을 응시하는 것은 무례, 도전이나 강매로 받아들여 질 수도 있다. 사업이 전 세계의 시장으로 연결되면서 사업가는 공통의 비언어적 신호가 나라마다 어떤 의미 차이를 보이는지 파악할 줄 알아야 한다. 당신은 회의 테이블 너머의 상대방과 시선 마주치기를 어떻게 주고받아야 할지에 대해서 좀 더 심사숙고해야 할 것이다.

# 04

# 상대방을
## 읽는 눈

### 상대방의 눈을 관찰하라

회의 테이블에 앉은 사람들의 눈을 파악하기 위해서 가장 먼저 봐야 할 것은 눈동자 색이다. 담청색인가? 푸른색인가? 아니면 초록색 또는 담갈색인가? 눈동자 색은 상대방의 의도나 기분 어떤 것도 말해주지 못하지만 가장 숨김이 없다. 따라서 색깔을 먼저 살펴보라. 그러나 시선을 마주 보는 것은 큰 감정적 동요를 일으킬 수 있으므로 조심스럽게 살피며 너무 오래 응시해서는 안 된다. 그것은 오히려 상대방의 눈동자 색을 기억해내지 못하게 할 수 있다.

다음으로 홍채 안에 있는 어둡고 둥근 동공의 크기를 관찰하라. 눈동자 색과 달리 동공의 크기는 기분에 관한 많은 것을 나타낸다. 수축하여 작아진 동공은 동료가 대개 느긋한 마음 상태에 있다는 것을 나타낸다. 그녀는 아마도 점심을 먹고 막 들어와 쉬면서 소화시키고 있는 상태일 것이다. 크게 확대된 동공은 보통 감정적인 자극에 대한 반응이나 흥분의 신호다. 당신의 동료가 회의 전에 평상시보다 많은 커피를 마셨을 수도 있다. 또는 사장의 발언이 강한 분노를 유발해 긴박한 상황 앞에서 나타나는 생리적 각성 상태를 말하는 투쟁-도피 반응이 촉발된 것일지도 모른다. 회의실에서 동공이 매우 수축한 동료가 있다면 그는 장시간 이어진 회의에 졸음이 쏟아지는 것일 수 있다. 동공이 많이 확대된 상태의 동료는 당신의 새로운 사업계획에 이의를 제기하려고 준비하는 상태일 수 있다. 이를 예측하기 위해 동공의 크기 변화를 살펴보라.

동공이 보내는 신호는 의식적인 것이 아니며 의지에 따라 조절될 수 있는 것이 아니다. 그래서 동공은 기분을 나타내는 지표로 믿을 만하다. 동공의 크기는 감정적인 자극이나 빛에 대한 반응으로 작동되기 때문에 의도적으로 수축하거나 확대할 수 없다. 동공은 잠을 자기 전에 자동으로 수축한다. 또한 흥분하면 교감신경계에 노르아드레날린이 반출되어 동공이 확대된다. 포커게임에서 확대된 동공은 좋은 패를 가지고 있는 것으로 여겨진다. 그러나 그러한 메시지들은 포커게임 참가자들처럼 그것을 캐치해 낼 수 있는 사람들만 활용할 수 있다. 게임을 할 때 상대방이 자신의 동공 상태를 파악하는 것을 알고서 포커페이스를 하는 포커 플레이어들과는 달리 직장인들은 회의실에서 동공 상태가 그대로 드러난다.

클렘(CLEM)은
심사숙고와 생각 중임을 나타낸다.

눈을 파악하는 것에 대한 감정적인 저항을 일단 극복하고 나면 얼굴
을 마주보며 하는 회의에서 눈이 보내는 추가적인 메시지를 볼 수 있
을 것이다. 첫 번째는 오른쪽이나 왼쪽으로 의도하지 않게 움직이는
눈이다. 쌍을 이뤄 눈을 옆으로 움직이는 클렘(CLEM)은 상대방이 당
신이 제공한 정보를 적극적으로 검토하고 있다는 것을 암시한다. 당신
의 제안이나 의견이 무시되지 않았다는 긍정적인 신호다.

클렘은 머리 자체는 완전히 정지한 상태에서 눈만 좌우로 움직인다
는 점에서 의견에 반대할 때 나오는 신호로서 머리를 완전히 한 쪽으
로 돌리는 동작과 구별된다. 동공의 크기를 파악하는 것보다 쉬운 클
렘은 정보처리, 심사숙고나 생각 중임을 나타낸다.

스테판 하나드는 1972년 시행한 클렘 연구에서 왼쪽으로 움직이
는 것은 '시각적 생각'과 연관이 있고 오른쪽으로 움직이는 것은 '기호
적 생각'과 연관이 있다는 점에 주목했다. 왼쪽으로 움직이는 사람이

좀 더 창의적인 사람으로 생각되었다. 직원회의에서 클렘을 관찰하는 것은 재미있기도 하고 유익하기도 하다. 그것은 뇌의 활성화를 나타내는 지표이기 때문에 좌우로 움직이는 동료의 눈은 당신의 언급이나 생각을 어떻게 느끼는지 어느 정도 알게 해 준다.

회의 테이블에서 홍채, 동공과 클렘을 관찰하며 앉아 있을 때 "섬광전구 눈(Flashbulb Eyes)"도 지켜보라. 매우 눈에 띄는 이 신호는 격한 감정이 곧 표출되리라는 것을 나타낸다. 비언어적 신호인 섬광전구 눈은 분노, 놀람, 충격이나 공포와 같은 강렬한 감정 상태에서 의지와 상관없이 눈이 극적으로 커진다. 의학 용어로는 '안검열'이라고 하는데, 이 안검열은 눈을 떴을 때 윗눈꺼풀과 아랫눈꺼풀 사이에 생기는 타원형의 틈새를 말한다. 따라서 눈꺼풀을 최대한 크게 벌리면 안구 자체의 둥근 모습, 곡선 부분 그리고 어떤 경우에는 심지어 튀어나온 모양까지도 보인다.

효과적인 대화를 위해 감정을 가장하는 것과 달리 정말로 놀라거나 두려우면 양 눈이 현저히 더 커지고, 더 둥글며, 더 하얗게 보이도록 눈꺼풀을 여닫는 위아래 두 개의 근육이 무의식적으로 눈꺼풀 사이를 넓힌다. 확대된 동공과 마찬가지로 섬광전구 눈도 투쟁-도피 반응에 관여하는 신경계의 자극에 지배된다. 섬광전구 눈은 의식적으로 만들기 힘들어 비언어적 단서로서 신뢰할 수 있다. 테러와 같은 강렬한 감정을 일으키는 현장에서, 인간의 눈은 몸보다 먼저 도망가거나 대항하기 위한 반응을 보인다.

나는 대법원 판사들을 상대로 한 세미나를 진행한 적이 있다. 세미나에서 나는 그들에게 법정에서 누군가가 섬광전구 눈을 하고 있다면 그것은 법정의 집행관이 경계태세를 갖출 시간임을 사전에 알려주는 경고신호라고 말했다. 신체적 공격이 눈앞에 닥친 것으로 피고, 증인, 변호사나 판사가 위험해질 수도 있다. 회의실에서 보는 섬광전구 눈은 당신이 말한 무엇인가가 비난받을 수도 있음을 의미한다.

의식적으로 눈을 커지게 할 수도 있겠지만, 동공이 완전히 확대되는 것은 눈꺼풀판근의 무의식적인 반응에 의한 것이다. 이러한 위아래 눈써풀 근육들은 상경신결절이라고 알려진 척수 부분을 통해 신경계의 투쟁-도피 반응으로 활성화된다. 평소와 달리 흰자 전체가 보이도록 눈이 커진 사람은 투쟁-도피 반응을 일으킨 것이므로 즉시 그 자리를 벗어나라.


《눈의 깜빡거림—무의식적으로 생각하는 것의 힘(Blink:The Power of Thinking Without Thinking)》의 저서 말콤 글래드웰은 "눈 깜박할 사이에" 발생하는 직감과 첫인상이 가지는 힘과 정확성에 관해 기술하였다. 회의실에서 동료가 무엇을 생각하고 있는지를 직관적으로 알아보기 위해서는 그의 눈 깜빡거림 그 자체에 주의해야 한다.

눈 깜빡거림은 눈을 빠르게 여닫는 것이다. 거짓말탐지기의 작동 원리와 마찬가지로 직장에서 눈을 깜빡거리는 속도는 심리적인 자극을 반영한다. 보통 상태에서 인간의 정상적인 눈 깜빡거림은 분당 20번이며, 매번 감겨 있는 시간은 평균 4분의 1초다. 두드러지게 빨라진 눈 깜빡거림의 속도는 투쟁-도피 반응에서 각성한 감정적 스트레스를 반영하는 것인지도 모른다.

동료가 논의 중인 안건을 얼마나 초조해하고 고민하고 있는지 가늠해 보려면 그의 눈이 깜빡거리는 속도가 눈에 띄게 빨라지는지 살펴보라. 눈을 깜빡이는 속도가 증가한 사람은 그렇지 않은 사람보다 감정적으로 불안한 상태에 놓여있는지도 모른다. 정신병 환자는 불안할 때, 긴박한 화제를 다룰 때 또는 새로운 화제로 전환될 때 눈 깜빡거림의 속도가 증가한다. 일반적으로 업무회의에서 사장과 지배인은 낮은 눈 깜빡거림의 속도를 가지고 있다. 그들은 리더로서 회의를 통제하고 장악할 힘을 가지고 있어 부하직원들보다 감정적 자극을 덜 받기 때문이다.


눈을 깜빡거리는 것은 보기와 다르게 결코 간단한 움직임이 아니다. 인간의 눈 깜빡거림은 조상으로부터 전해져 내려오는 양서류 뇌의 원시 회로에 의해 조절된다. 중뇌라고도 알려진 인간의 이러한 신경구조는 오래전의 조상들이 데본기 바다 해면 위를 보며 눈을 깜빡이는 것을 가능하게 했다. 물에서 나와 공중에 노출되었을 때 눈을 깜빡거림으로써 양서류 눈이 마르는 것을 방지했다.

그러나 인간의 눈 깜빡거림은 감정적인 반응에도 영향을 받는다. 눈꺼풀의 움직임은 뇌의 각성이나 흥분, 집중에 관여하는 '뇌간 각성계'에 의해 작동한다. 뇌간 각성계는 우리가 흥분하면 눈을 더욱 빨리 깜빡거리도록 신호를 보낸다. 감정은 뇌간 각성계를 자극해 중뇌의 흑질에 영향을 주고 흑질은 흥분성 화학물질인 도파민을 뇌의 상구(上丘)에 방출한다. 회의에서 테이블 건너편에 있는 동료에게 발뺌하거나, 사건을 과장해서 말하거나, 거짓말을 하기 위해 긴장을 느끼면 눈꺼풀을 더 빨리 깜빡거린다. 도마뱀붙이의 눈이 그런 것처럼 인간의 중뇌에 있는 양서류가 결코 가만히 있지 못하는 것이다.

영장류 뇌의 피질 중 많은 부분이 시각과 관련이 있다. 동료의 눈이 어디를 향하는지 파악하면 그가 무엇에 관심이 있는지 알 수 있다. 동료의 마음속을 가늠하는 데 그의 눈을 관찰하는 것보다 더 좋은 방법은 없다. 맞은편에 있는 동료의 눈이 어디를 향하고 어떻게 움직이는지 관찰하면 그가 주장하는 것이 무엇인지 알 수 있다. 회의에서 보통 수준의 직원은 말로 하는 내용이나 서면으로 된 내용에 너무 몰두해 말로 표현되지 않은 메시지는 대부분 보지 못한다. 회의 테이블 건너편의 눈을 사이트-리딩하는 것은 당신의 이해력을 한층 더 높일 것이다.

다음 장에서는 직장에서 손이 나타내는 메시지를 배울 것이다. 당신은 손바닥을 위로 향하게 하는 동작으로 친밀한 관계를 얻고 손바닥을 아래로 향하게 하는 동작으로 회의실 토론에서 좀 더 확신에 찬 것처럼 보이게 할 수 있다.

비즈니스 세계에서는
진실로 마주보는 시선이 필요하다.

# Part. 04

# 손은
# 비즈니스를 말한다

## 01

## 불만을
## 말하는 손

; 손동작이 주는 암시

마이크로 소프트사의 최고경영자 스티브 발머는 자신도 인정하는 '테이블을 치는 사람'이다. 테이블을 치는 사람은 사무실 책상을 쾅쾅 내려치는 사람을 말한다. 이러한 손동작은 위압감과 화가 난 듯한 인상을 주어 자신의 확고한 의견을 나타낸다. 그것은 법정에서 판사가 의사봉을 사용하는 것과 상당히 닮았다. 사람들은 그것이 무엇을 의미하는지 즉각 알아차릴 수 있다. 그것이 자신의 머리가 아닌 테이블에 내려오는 것을 다행으로 여긴다.

수십 년 전 테이블을 치는 데 유능했던 사람은 소련 공산당 제1서기 니키타 흐루쇼프다. 1960년대 흐루쇼프는 유엔총회를 방해하기 위해 자신의 책상을 두들기는 버릇을 가지고 있었다. 그는 자기 신발로 책상 위를 내려치는 동작으로 유명했다. 1960년 9월 29일, 그는 자신이 무시하는 영국 총리 해럴드 맥밀런의 연설을 방해하기 위해 오른쪽 신발로 책상 위를 내려쳤다.

테이블을 치는 행동은 뿌리 깊다. 유치원 아이들이 "한 손은 가만히 두고 다른 한 손으로 세게 마주치거나 테이블과 같은 물건을 세게 치는" 동작도 두드리는 동작이다. 인도 원숭이 랑구르와 사바나 개코원숭이는 손바닥으로 지면을 철썩 때리는 동작으로 위협을 준다. 인간과 가장 가까운 동물 친척인 침팬지는 손바닥을 아래로 찰싹 치는 것으로 인상적인 주장과 태도를 보여준다.

비즈니스에서도 마찬가지다. 회의 테이블 건너편에 있는 동료에게 강한 의견을 내보이려면 자신의 주요 논점을 강조하면서 손바닥을 아래로 한 동작을 사용하라. 실제로 테이블 위를 치지는 말고 손바닥을 위로 가게 하면서 팔을 앞으로 뻗은 뒤 테이블 표면에 평행하게 확 뒤집어서 내밀어라. 자신의 가장 중요한 의견을 상대방이 이해하게 만들기 위해 손을 지휘봉처럼 아래위로 움직이면서 앞으로 내뻗는 것이다. 듣는 사람은 왜 그런지 깨닫지도 못한 채 당신의 말에 신뢰성을 갖게 된다.

《미트 더 프레스(Meet The Press)》와 같은 정치 토크쇼에서 손바닥을 아래로 가게 하는 동작을 보았을 것이다. 토크쇼에서 전문가와 정치인이 논쟁하는 모습을 살펴보자. 그들은 권위적으로 발음하고 의사봉을 두드리듯이 손바닥을 공중에서 아래위로 움직인다. 당신도 업무회의 시간에 자신의 주장을 관철하기 위해 손바닥을 아래로 가게 해서 내뻗을 수 있다.

내가 '손을 머리 뒤에 대는 것'이라고 부르는 동작은 앞에서 말한 동작과는 반대의 인상을 준다. 당신은 동료가 갑자기 이런 동작을 한다면 의문스럽게 생각할 것이다.

세계적으로 유명한 뉴스 캐스터가 무심결에 자신의 손으로 머리를 살짝 건드린 사례가 있었다. 2000년 12월 29일 당시 《NBC 나이틀리 뉴스(NBC Nightly News)》 앵커 톰 브로커가 《더 투나잇 쇼(The Tonight Show)》에서 플로리다주의 대통령선거에서 조지 부시가 아닌 앨 고어를 승리자라고 주장했던 NBC 방송의 잘못된 예측을 제이 리노에게 설명하는 과정에서 오른손을 들어 머리를 긁었다. 브로커는 당혹감을 나타내는 전형적 신호인 '손을 머리 뒤에 대는 동작'을 했다. 보통 때는 어떤 곤경에서도 흔들림 없던 브로커가 자신의 유감을 드러내 보이면서 몹시 당혹해 하는 것을 수백만 명의 시청자들이 지켜보았다. 열린 손으로 목이나 머리 뒤를 만지거나, 긁거나, 잡는 것은 불확실성, 정신적 갈등 또는 좌절을 나타내는 숨길 수 없는 신호다. 그 동작은 검토해야 할 해결되지 않은 이슈가 있다는 것을 나타낸다. 브로커가 카메라 앞에서 머리를 긁은 행위는 NBC의 엄청난 실수에 정신적 불편과 개인적 수치를 밖으로 드러내 보인 것과 같다.

당신이 제안서를 설명할 때 사장이 손을 머리 뒤에 댄다면? 그것은 아마도 당신이 설명을 좀 더 해야 한다는 것을 의미한다. 사장의 뇌에 있는 감정센터에 의해 표출된 그 손동작은 갈등을 겪는 심리 상태를 암시한다. 손이 다시 테이블 위로 되돌아오면? 사장이 마음속으로 태도를 바꿔 좀 더 수용적인 분위기에 있다는 것을 나타낸다.

손과 관련된 동작에 관해서는 회의 테이블을 무대로 생각하라. 회의 테이블은 대면회의를 가능하게 하는 플랫폼이다. 그것은 말하는 사람이 동료들과 함께 업무를 고심하는 회사 차원의 "공평한 경쟁의 장"이 된다. 비언어적으로 보면 그 회의 테이블은 조화나 불협화음 또는 공격이나 방어를 나타내는 손동작을 주고받는 경기장이다. 이 장에서 우리는 손의 모양, 위치, 그리고 동작이 어떻게 테이블 위에서 전쟁을 벌이는지 배울 것이다.

손동작이 어떻게 이해력을 높이는가? 동료가 갑자기 손동작을 멈춘다면 그것은 무슨 의미일까? 왜 손바닥을 위로 향하게 하는 동작은 대개 진정시키고, 위안을 주며, 회유하기 위한 신호로 받아들여지는가? 마임이 어떻게 당신이 말하는 것을 더 쉽게 이해시켜 주는가? 사무실에서 손이 어떻게 말하고 있는지 배우기 위해 계속 읽어보자.

머리 뒤에 손을 대는 것은
갈등을 겪는 심리 상태를 암시한다.

# 02

# 미국의
# 외설적인 손가락

**;** 다섯손가락의 의미

2005년 5월 15일, 펩시코 회장이며 당시 최고 재무담당자인 인드라 누이는 컬럼비아대학교 경영대학원에서 학생들을 상대로 졸업 연설을 했다. 그녀는 자신의 다섯 손가락을 아프리카, 아시아, 라틴아메리카, 유럽과 미국이라는 다섯 개의 대륙에 비유했다. 다섯 손가락을 해부학적인 지도로 보는 관점은 어린 시절 그녀가 인도 마드리스에 거주할 때 엄마, 언니와 함께 대화하던 과정에서 출발했다. 어린 시절의 누이는 왜 사람의 손가락은 다섯 개가 모두 다르게 생긴 것인지 묻는 말에 "손가락들은 각각 생긴 게 달라야 하나의 손이라는 훌륭한 도구가 될 수 있으니까."라고 답했다. 그들은 손가락들이 인간의 손이라는 멋진 도구가 되기 위해 어떻게 함께 일하는지 이야기를 나누었다.

새끼손가락은 아프리카다. 아프리카 대륙 자체는 엄청나게 크지만, 세계 무대에서의 경제적 순위는 낮다. 누이는 졸업생들에게 "그런데도 새끼손가락이 아프면 손 전체에 영향을 미친다."라고 말했다.

가장 두껍고 강한 엄지는 아시아다. 아시아가 세계 경제에서 강력한 역할을 하고 있기 때문이다. 다음으로 무엇을 가리킬 때 사용하는 검지는 유럽이다. 그곳은 "서구 문명과 세계 경제를 운용하는 데 필요한 법률을 가르쳐준 지역이다."

한편 결혼반지를 끼는 약지는 남아메리카와 라틴아메리카를 상징한다. 누이는 맘보, 삼바와 탱고의 뜨겁고, 열정적이며, 감각적인 춤동작에서 낭만적인 약지를 부여했다. 마지막으로 가장 긴 중지는 미국이다. 누이는 "가장 긴 손가락인 가운뎃손가락은 오늘날 미국이 세계 경제에서 두드러진 활약을 하는 것과 마찬가지로 정말 쉽게 눈에 띈다."라며 졸업연설에서 설명했다.

다섯 손가락을 지리적으로 대륙에 비유한 뒤 누이는 미국이 가운뎃손가락을 외설적인 동작과 같은 부정적인 방식으로 흔들어 댄 죄를 지적했다. 미국은 손을 벌려 세상에 관심을 보이는 대신 세상에 가운뎃손가락을 들어 보인다.

'불결한 손가락'은 성적인 모욕을 나타내며 외설적인 손가락을 나타내는 것으로 세계적으로 널리 퍼진 동작이다. 미국에서 단순하게 "손가락"이라고 하는 이 동작은 최소 고대 로마시대의 악랄한 황제 칼리굴라까지 거슬러 올라간다. 최근에는 전직 미국 대통령 조지 부시가 대중에게 가운뎃손가락을 들어 보이는 수많은 사진이 인터넷에 퍼졌다. 해외에 있는 사람이라도 그 사진을 보면 그가 자신을 위협적으로 겨냥하고 있다고 생각했을지도 모른다.

가운뎃손가락을 들어 보이는 것은 중대한 메시지를 나타내는 작은 동작이다. 2008년 9월, 이미 펩시코의 최고경영자 자리에 올라있던 52세의 누이는 같은 달 《포춘》 매거진에서 선정한 가장 영향력 있는 여성 사업가에 선정된 후 연이어 3년이나 선정되는 영광을 누렸다. 컬럼비아대학교 졸업 연설에서 그녀가 미국을 외설적인 손가락을 나타내는 가운뎃손가락에 비유한 데는 약자를 괴롭히는 미국의 외교정책을 넌지시 비판하기 위해서였다. 그 연설에서 누이는 "불행하게도 나는 이것이 지금 다른 국가들이 미국을 바라보는 모습이라고 생각한다."라고 말했다. "다른 손가락에 힘을 보태고 목적의식을 심어주는 대신 그들을 방해하고 훼방 놓고 있다. 그것은 자신의 코를 할퀴어 상처 내는 것과 같다."

# 03

# 손은
# 해고당했다

**;** 손으로 하는 정지신호

　　회사 동료는 당신의 말이 끝난 뒤에도 당신의 손동작을 기억하고 있을 것이다. 예를 들어 회의에서 동료가 말대꾸하지 못하도록 '쉿' 하며 조용히 시키거나 손으로 정지신호를 하는 것은 당신이 한 말보다 훨씬 더 오래 기억될 것이다.

　　"내가 당신을 제지한다."라는 뜻을 가진 '손으로 하는 정지신호'는 제지하고자 하는 사람을 향해 손바닥이 보이게 해서 팔을 쭉 내뻗는 것이다. 이것은 교차로에서 교통순경이 차들을 멈추기 위해 사용하는 수신호다. 회의에서 사용되는 이 정지신호는 권위적이며 때로는 공격적이까지 하다. 누군가 당신을 향해 손바닥을 공격적으로 내뻗으면 당신은 그 정지신호를 불친절하고 무례하며 비우호적인 명령이었다고 영원히 기억할 것이다.

2007년 9월, 당시 모건스탠리의 공동사장이던 조 크루즈가 이사회에서 자신의 말을 가로막으려는 임원을 제지하기 위해 손바닥을 사용했다. 《뉴욕 매거진(New York Magazine)》은 "크루즈가 손을 불쑥 내밀면서 '아직 끝나지 않았어요!'라고 쏘아붙였다."라고 보도했다.

2006년, 《포춘》 매거진이 선정한 가장 영향력 있는 여성 사업가 중 한 명인 크루즈는 모건스탠리의 공동사장으로 재임 중인 2007년에 37억 달러에 달하는 거액의 자산손실을 겪은 후 점점 더 방어적인 자세를 보였다. 크루즈의 방어심리가 화를 내는 것으로 나타났다. 크루즈는 손실에 개인적인 책임을 지는 대신 "손실을 논의하는 다양한 회의에서 자신의 경영방식에 문제를 제기하는 동료 직원들을 마구 몰아세웠다."라고 《월스트리트저널》이 보도했다.

자산손실 이전, 도중 그리고 이후에 보여준 크루즈의 몸짓언어는 동료와 이사들에게 잘못된 신호를 내보냈다. 그녀의 고압적이며 대립을 일삼는 경영방식은 모건스탠리 최고경영자인 존 맥이 그녀와 함께 일할 개인 코치를 고용해야 할 정도였다. 크루즈는 회의에서 종종 과도하게 감정적이며 잠긴 목소리를 사용하고 우는 소리를 냈다. 수십억 달러의 손실 이후 그녀는 자주 담배를 피우기 위해 회사를 나갔다가 돌아와서 직원들과 격한 언쟁에 돌입하고는 했다. 그녀는 회의에서 다른 공동사장인 로버트 스컬리와의 "불협화음을 나타내는" 자세를 가끔 공개적으로 내보였다.

크루즈의 처신은 모건스탠리의 가장 영향력이 있는 임원 대부분이 그녀를 등지게 했다. 2007년 11월 29일, 크루즈를 해고하기 위해 전화로 진행된 이사회에서 소수만이 그녀의 편을 들었다. 그녀는 두 달 뒤 해고됐다. 크루즈가 손을 고압적으로 내뻗던 이사회가 끝난 뒤 그녀의 운명은 이미 결정된 거나 마찬가지였다.

캔자스시티에 있는 홀마크 카드에 업무자문을 하기 위해 미주리주와 워싱턴주에 있는 연하장 가게에서 쇼핑객들을 관찰한 적이 있다. 그 과정에서 내가 '결단력 있게 잡는 방식'이라고 이름 붙인 한 가지 행동을 발견했다. 결단력 있게 잡는 방식이란 손가락 끝과 손바닥으로 물건을 단단하게 잡는 방법을 말한다. 이 행동은 "소유자로서 잡는 것"을 나타내며 고객이 연하장을 구매하기로 했다는 명백한 신호다.

결단력 있게 잡는 방식은 마음속으로 이미 구매하기로 했다는 비언어적 신호다. 엄지 지문과 다른 손가락의 덜 민감한 부분으로 연하장을 쥐고 있는 대기시간이 지나면 자신도 모르게 결단력 있게 잡는 상태로 전환된다. 접촉을 최대화하여 물건을 잡는 이 방식으로 고객이 연하장을 쥐고 있다면, 그는 오래 지나지 않아 계산대로 다가올 것이다.

일본에서는 상대방의 명함을 이 방식으로 잡아야 한다. 명함에 적힌 내용을 철저하게 읽은 뒤 지갑이나 서류 가방에 안전하게 넣어야 한다. 명함을 존중하는 것은 그 사람에 대한 존중을 나타내는 것이기 때문이다.

# 04

# 외향적인
# 손(手)님

> 승진을 원하면 주목을 받아라

크루즈의 경우에서처럼 손이 무례한 태도를 나타낼 수도 있지만, 상대방에 관심을 나타낼 수도 있다. 악수를 청하기 위해 내뻗은 손은 당신이 상대방에게 우호적이라는 신호를 보낼 뿐만 아니라 당신 내면의 외향성을 표출시킬 수 있다. 심리학에서 외향적인 사람은 상대방에게 관심을 내보이는 사람이다. 반대로 내향적인 사람은 관심을 자신에게 두는 사람으로서 다른 사람에게는 관심을 덜 보인다. 사업계에서는 손을 내미는 사람들이 손을 자신에게만 두거나, 주머니에 감춰 두거나, 무릎에 접어 포개어 두거나, 책상 밑에 숨겨 두는 사람들보다 장점이 있다.

성공한 사업가인 웰치 부부는 익명의 한 여성으로부터 상담을 요청받았다. 그녀는 승진을 원한다면 좀 더 강한 개성을 보여 줄 필요가 있다고 이야기한 상사의 말을 《비즈니스위크(Business Week)》 상담란에 올렸다. "선천적으로 내향적인 사람"인 것이 문제라고 상사가 지적했다는 것이다. 웰치 부부는 "그 틀에서 벗어나 당신의 모든 에너지를 쏟고 당신의 개성을 살려 당신 팀뿐만 아니라 다른 팀과도 협력하고, 좀 더 자주 이야기하고, 접촉하도록 하세요."라고 답변했다.

외향적인 사람은 동료들 사이에 연결고리가 되어줄 수 있을 뿐만 아니라 그들에게 동기 부여도 할 수 있다. 웰치 부부는 큰 조직에 근무하는 내향적인 직원은 외향적인 직원보다 사교성이 요구되는 일을 훨씬 뛰어나게 잘하기 어렵다고 말한다. 나는 사교적인 성향을 쉽게 드러낼 방법을 관찰해 왔는데, 그것은 그저 손을 좀 더 많이 사용하는 데 있다. 중역회의를 녹화한 것을 연구하는 과정에서 나는 자신이 발언할 때 테이블 위에서 손을 움직이는 여성이 손을 테이블 아래 무릎에 보이지 않게 두고 이야기하는 여성보다 좀 더 많은 주목을 받으면서 진지하게 받아들여진다는 것을 발견했다.

1장에서 이야기한 핸드크림 메이커 유니레버를 위해 진행했던 연구에서 인간이 손의 모양과 움직임을 특별하게 여긴다는 것을 알았다. 영장류인 인간은 손을 매우 진지하게 의식하고 받아들인다. 영장류의 측두엽은 우리가 몸으로 나타내고, 잡고, 쥐며, 악수하는 기관들과 많은 연관이 있다. 유니레버 연구는 사람들이 눈에 보이는 손의 상태나 성별, 나이에 특별히 관심이 많다는 사실을 밝혔다. 보기 흉한 굳은살, 손톱 밑의 때와 검버섯 등은 부정적인 신호로 인식된다.

손이 우리의 마음을 사로잡는다는 사실은 여러 자료를 통해 입증된다. 미켈란젤로는 우아한 손을 그림으로 그렸고, 로댕은 조각했으며, 미국의 인물사진작가 애니 리보비츠는 예술적으로 사진을 찍었다. 회의실에서 동료들의 마음을 사로잡고 싶다면 잘 손질된 손을 내뻗어서 움직여라.

## 외교관 역할을 하는 손

오늘날의 비즈니스에서 악수는 만남, 인사와 계약체결의 의미로 사용되는 세계적인 동작이다. 그것은 상대방의 손을 쥐고 한 번 이상 아래위로 또는 텍사스에서는 옆으로 흔들고는 신속하게 놓아주는 의례이다. 우리가 살펴보았다시피 손끝과 손바닥 표면은 아주 민감하므로 악수는 그 자체만으로도 개인적이다. 우리는 악수할 때 상대방 손의 따뜻함이나 차가움, 건조함이나 습함, 단단함이나 연약함을 즉시 느낀다. 손이 인지한 온도 및 압력 신호는 정수리 부분에 있는 감각령에 강렬한 인상을 남긴다. 연애 중일 때 더욱 그렇다. 두정엽은 악수에서 감지된 메시지를 인지한 후 그 악수가 어떻게 느껴졌는지 판단하기 위해 좀 더 깊이 위치한 변연계로 전달한다.

사업상 프랑스를 여행하면 하루에 수십 번이라도 악수할 준비를 하라. 파리의 사무실 근무자들은 아침에 동료들과 인사하며 악수를 하고 오후에 그들과 헤어지면서 악수를 한다. 직원이 아닌 외판원이나 기술자들은 사무실에 드나들 때 만나는 모든 사람과 악수를 한다. 일본은 악수보다 정중하게 머리 숙이는 방식을 더 선호한다. 이슬람 국가에서는 사람이 있는 곳에서 남성이 여성과 악수를 하는 것이 금기시된다. 그래서 사업상 악수가 세계적인 동작이 되었다 하더라도 여행하기 전에 악수에 관한 문화적 차이를 배워야만 한다.

경험에 의하면 악수는 세계적으로 많은 지역에서 상대방에 관심을 나타내는 시각적, 촉각적 지표로 사용되므로 악수하는 것을 주저할 필요가 없다. 북아메리카, 라틴아메리카와 유럽에서는 먼저 앞으로 다가서서 악수하라. 그들은 당신이 외향적이며 자신들에게 충분한 관심을 보인다고 생각할 것이다. 아시아나 중동에서의 악수는 미묘한 차이가 있다. 이 지역에서는 악수를 하기 위해 앞으로 다가서기 전에 문화적 규범을 배워야 한다. 자신의 가슴 앞에서 양손을 붙이고 머리를 약간 숙이는 인도식 인사나 오른손으로 자신의 이마를 만지며 머리를 약간 숙이는 이슬람교도식 인사가 더 적합한 것일지도 모른다.

자신의 손을 뒤로 감추거나 상대방의 눈에 보이지 않게 두지 마라. 상대방은 당신이 자신감이 부족하다고 생각할지도 모른다. 상대방의 주의를 끌고 당당해 보이고 싶다면 손을 내보여라. 사업계에서 손은 외교관 역할을 톡톡히 한다. 손은 말로 대화하지 않아도 모두를 이해시키고 사람들의 시선을 끌 수 있다.

# 05

# 네 가지 타입의
# **손동작들**

모든 나라에 악수가 사업상으로 사용되지 않을 수도 있다. 이에 반해 나는 모든 사회에서 통용되는 네 가지 범주의 기본적인 손동작을 발견했다. 당신은 이러한 동작을 휴스턴에서부터 홍콩에 이르는 대부분 업무환경에서 볼 수 있다. 그리고 그 메시지는 항상 같다. 당신이 손을 움직이는 방법에 따라 사람들은 당신을 묘사하는 사람, 설명하는 사람, 확신을 주는 사람이나 안절부절못하는 사람으로 인식할 것이다. 뒤에서 이 네 가지 유형에 대해 배워보자.

'묘사하는 사람'은 사람, 장소와 물건의 크기, 모양과 위치를 묘사하기 위해 마임을 사용한다. 손으로 하는 마임은 행동과 사건 또는 그들 간의 공간적-시간적 관계를 흉내내는 것이다. 묘사하는 사람의 손은 목소리 신호와 함께 비유적으로 말을 한다.

전형적인 마임 신호는 '걷는 모습'으로서 율동적이고 한가로운 걸음걸이를 흉내내기 위해 두 손가락이 책상 위에서 "걷는" 것이다. 마임 신호는 스토리텔링을 위해 사용될 수도 있다. "눈을 집고", "눈 뭉치를 만들어서", "당신에게 던진다."라고 말하면서 눈을 모아서 던지는 신체적 행동을 마임으로 하는 것이 그 예다. 당신의 손이 말과 협력하여 이야기를 만들어 내는 것이다.

시카고대학교의 심리학자 수전 골딘 매도우는 2005년 자신의 저서 《동작을 듣기—우리가 생각하는 것을 손이 어떻게 돕는가(Hearing Gesture: How Our Hands Help us Think)》에서 입으로 하는 말과 머릿속의 생각을 이해하는 데 동작이 어떻게 도움이 되는지 보여주고 있다. 사업계획 설명회에서 마임 신호를 사용하면 동료가 당신 마음속에 있는 것을 좀 더 잘 이해하는 데 도움이 될 것이다. 마임은 말을 하는 것만큼이나 복잡한 신경회로를 갖고 있다. 그만큼 말을 하는 것과 마찬가지로 우리에게 미치는 영향력이 높다. 마임 신호는 개념적인 생각을 나타내는 것이기 때문에 그것은 당신이 하는 가장 지적인 동작이다. 말과 마찬가지로 손으로 하는 흉내는 스토리텔링, 물건 간의 관계나 생각들 사이의 연관성을 표현한다. 대면회의에서 상대방의 이해력을 향상시키기 위해 논지를 설명할 때 그것을 자유롭게 활용하라. 적절한 마임은 회의 때 좋은 반응을 얻을 수 있다.

연설을 가르치는 강사들은 수강생들에게 손을 사용하지 말라고 강조해 왔다. 손동작이 입으로 하는 말을 전달하는 데 산만하며, 방해되고, 주의를 다른 곳으로 돌리게 한다는 것이다. 연단에서 공식적인 연설을 할 때는 이것이 사실일지 모르나 직원회의, 업무회의와 이사회에서는 그렇지 않다. 골딘 매도우는 손동작이 그것을 보는 사람의 비언어적 부분을 담당하는 뇌 영역을 자극하기 때문에 손을 사용해서 말하는 것이 상대방을 이해시키는 데 훨씬 더 도움이 된다고 말한다. 입으로 하는 말은 뇌의 왼쪽에 있는 언어중추에서만 처리되지만, 말과 마임을 같이 하는 행동은 양쪽 뇌를 동시에 활용한다.


## 설명하는 손

묘사하는 사람의 동작과 달리 '설명하는 사람'의 손동작은 물건을 묘사하거나 공간적인 관계를 표현하기 위해 마임하지 않는다. 설명하는 사람이 손바닥을 위로 향하게 한 신호는 상대방의 지지, 협조와 이해를 감정적으로 호소하는 것이다. "손바닥을 위로 향하게 하는 것"은 펼친 손바닥이 천장과 평행하도록 손바닥을 위쪽으로 돌려서 만드는 세계적인 동작이다. 보는 사람에게 경쟁자나 적이 아닌 같은 편임을 호소하는 자세다. 손바닥을 위로 향하게 하는 것은 손의 무른 부분이 상대에게 그대로 노출되므로 상대는 애원하는 듯한 인상을 받는다.

손바닥을 위로 향하게 하는 동작은 화해, 친화와 겸손의 표시다. 당신이 발언할 때 이 신호를 수반하면 당신의 발언은 좀 더 부드러운 성격을 띠게 된다. 업무회의에서 당신의 의견과 반대되는 생각을 가진 사람에게 손바닥을 내미는 것은 협조를 요청하는 것과 같다.

손바닥을 위로 향하게 하는 동작은 영장류 본성에 기원을 둔다. 동물학자 프란스 드 발에 따르면 침팬지가 밥을 구걸하거나 분쟁을 매듭짓기 위해 이 동작을 사용한다고 한다. 야생에서 그런 것처럼 사무실에서도 이 손동작은 "난 너를 해칠 의도가 없다."라는 의미를 전달한다. 내가 항상 가지고 다니는 노트에는 손바닥을 위로 향하게 해서 동정해달라고 호소하고, 잘 봐달라고 빌고, 도움을 요청하는 많은 동작이 기록되어 있다. 내가 가장 좋아하는 기록들은 다음과 같다.

공격적이지 않은 방법으로
동료에게 접근하려면
**손바닥을 위로 향하게 하는 동작**을 사용하라.

- 영업사원이 손바닥이 위로 향하게 한 동작을 하면서 상사에게 호소한다. "제가 정말 내일 클리블랜드로 날아가기를 원하십니까?"
- 10대가 엄마 차를 빌리기 위해 손바닥을 올리고 애원한다. "엄마, 제발."
- 가나에서 남편이 일부다처제를 좋아해서 한 명 이상의 아내를 원한다는 것을 들은 부족 여인이 손바닥을 올리며 "우리 여자들이 할 수 있는 게 무엇일까요?"라고 절망하며 묻는다.
- 회의실에서 최고경영자가 손바닥을 위쪽으로 한 동작을 하면서 고위급 간부에게 애원한다. "당신의 도움이 필요합니다."

손바닥을 위로 향하게 하는 동작은 당신이 할 수 있는 몸짓언어 중 좋은 신호에 해당한다. 공격적이지 않은 방법으로 동료들에게 심리적으로 좀 더 가까이 다가가려면 손바닥을 위쪽으로 하여 그들을 향해 내뻗어라. 이 동작은 동료들을 회유하기 위해 그들과 직접 접촉하는 것보다 그들이 거북함을 느낄 위험이 훨씬 낮다.

## 확신을 주는 손

'확신을 주는 사람'은 손바닥이 아래로 향하게 하는 동작을 사용한다. 확신을 주는 사람은 상대방이 요점을 알아듣게 하려고 좀 더 공격적인 동작을 한다. 손바닥을 아래로 향하게 한다는 것은 손가락을 펴서 손바닥이 바닥과 평행하게 돌린 것으로 고집스럽고 단호한 동작을 말한다. 그것은 손을 바닥에 대고 팔굽혀펴기를 하는 자세와 같다.

손바닥을 아래로 향하게 하는 동작은 자신감, 자기주장과 우월감을 나타낸다. 이것은 손바닥을 위로 향하게 하는 우호적인 동작과 대비된다. 마이크로 소프트사의 스티브 발머가 테이블을 치는 동작을 회상해보자. 그의 동작은 손을 앞으로 뻗어 손바닥이 밑으로 가게 한 것의 좀 더 격렬한 버전이다. 손바닥을 아래로 향하게 해서 두드리는 동작은 당신의 계획과 의견에 좀 더 확신이 가게 만든다. 손바닥을 아래로 향하게 하는 동작을 책상이나 회의 테이블 위에서 의사봉처럼 올렸다가 내리면 아주 강력한 표현이 될 수 있다. 그러나 확신을 나타내기 위해 실제로 테이블 위를 두드릴 필요는 없다.

해부학적으로 볼 때 팔굽혀펴기에는 어깨를 둘러싸는 근육, 위팔, 팔뚝, 손목과 손가락이 사용된다. 목덜미와 그 근접한 피부 및 근육을 지배하는 경신경총과 빗장뼈와 어깨뼈의 일부 및 위팔뼈 등을 관할하는 완신경총에서 연결되는 신경망이 손바닥을 아래로 향하게 하는 신호를 조절한다. 인간의 뇌에 존재하는 '기저핵'이라는 원시적인 운동 중추가 손바닥을 아래로 향하게 하는 동작을 지배한다.

그리스에서 팔을 수평으로 뻗고 손을 펼쳐 다른 사람을 향해 손바닥을 보이는 "손바닥으로 찌르기(Palms Thrust)" 또는 "이중 모우차(Double Moutza)"는 "지옥에 두 번 가라."라고 말하는 모욕적인 표현이다. 이중 모우차뿐만 아니라 '경멸'을 나타내는 사우디아라비아의 "손바닥 치기"와 '성적인 모욕'을 나타내는 이탈리아의 "팔뚝 찌르기" 모두 손바닥을 아래로 해서 두드리는 동작과 같이 자연적인 공격성을 포함한다.

손바닥을 아래로 향하게 하는 동작은
당신의 계획에 좀 더 확신이 가게 만든다.

사무실에서 이 동작은 전략적으로 사용해야 한다. 가장 중요한 논점을 알아듣게 하려고 할 때만 테이블 위에서 그것을 사용하라. 이 동작은 자칫 공격적으로 보일 수 있으므로 테이블 건너에 있는 동료를 겨냥하지 않도록 주의하라. 크루즈가 동료를 제지하기 위해 사용한 강력한 정지신호를 상기하라. 그것은 가볍게 받아들여지지 않았다. 그녀는 이사회에서 손을 불쑥 내민 뒤 두 달 만에 해고되었다.

## 안절부절못하는 손

'안절부절못하는 사람'은 말을 하면서 자신의 얼굴이나 몸을 반복적으로 만진다. 회의에서 스스로 만지는 동작은 무심결에 걱정, 당혹과 불확실성을 나타낸다. 그런 동작은 다른 손동작에 비해 자기 견해에 자신이 없다는 것을 암시한다. 그것을 본 동료들은 당신을 신뢰할 수 없을 것이며, 당신의 계획에 차질이 생길 수 있다.

자신의 몸이나 얼굴을 만지는 행위는 자신의 촉각수용기를 스스로 자극하는 행동이다. 자기 자신을 만지는 것은 교감신경계의 투쟁-도피 반응의 각성 수준을 반영한다. 감정이 고조되면 심각함을 완화하거나, 몸을 편하게 하거나, 억눌린 스트레스를 풀어 주기 위해 의식적인 자각 없이 자신의 몸을 만진다.

불안감을 없애기 위해 스스로 만지기 가장 좋은 신체 부위는 입술이다. 우리는 긴장되거나 불안할수록 손가락으로 입술을 만지고, 팔뚝이나 손목을 잡거나 손을 비빈다. 또 피부를 긁거나, 문지르거나, 꼬집으며 자신의 감각기관을 자극한다.

영장류 동물학자들은 어색하고 긴장되는 상황에 자신을 진정시키기 위한 이런 행동들이 신경성 활력에 의해 촉발되는 전위 행동이라고 명명한다. 전위 행동이란 갈등이나 욕구불만 상황에 머리를 긁거나 손톱을 깨무는 등 평소와 전혀 다르게 행동하는 것을 말한다. 예를 들어 침팬지는 처음 보는 존재가 접근할 때 자신의 머리를 긁는다. 감정적으로 표출되는 긁적거림은 고릴라, 개코원숭이와 파타스원숭이에서도 관찰되었다.

곤경에 빠져 불편하거나 확신이 없는 것으로 보이기 싫다면 직원회의에서 사장의 질문에 대답할 때 긁적이고 싶은 충동을 의도적으로 자제하라고 권고하고 싶다. 당신이 스트레스를 받아 안절부절못하는 것으로 보여서도 안 된다. 침팬지에 관한 구달 박사의 언급은 되풀이할 만한 가치가 있다. 즉 "걱정이나 갈등 상황이 강할수록 더욱 격렬하게 긁는다." 그러므로 당신이 긁적거리는 것을 사장이 알아채지 못하게 하라.

# Part. 05

# 미묘한 차이를
# 나타내는 어깨

01
—

# 불확실성을 말하는
## 어깨

**;** 으쓱이는 어깨

　어깨만큼 표현력이 강한 신체 부분은 없다. 어깨는 많은 중요한 메시지를 전달한다. 어깨가 상하로 움직이거나, 들려지거나, 좌우로 흔들리거나, 수축하는 것은 말하고 싶은 것이 아주 많다는 것을 나타낸다. 1996년 7월 11일, 러시아 우주정거장 미르에서 궤도를 돌고 있던 미국 우주비행사 섀넌 루시드는 지구귀환이 6주일 지연된 것에 대한 질문을 받고서 어깨를 으쓱하면서, 머리를 기울이고, 손바닥이 위로 향하게 하는 동작을 했다. 그녀는 NBC의《투데이 쇼》에서 "글쎄요, 그게 인생이잖아요."라고 말했다.

　루시드가 어깨를 으쓱한 것은 그녀가 느끼는 무력감을 보여준다. 그녀가 할 수 있는 모든 것은 기다리는 것뿐이었다. 그녀의 동작에는 분노, 걱정이나 두려움이 없었다. 자신이 언제 지구로 귀환할 수 있는

지 불확실한 상황에 대한 체념을 나타내고 있었다. 무기력, 불확실성과 체념은 원래 1872년에 찰스 다윈이 묘사했던 것처럼 어깨를 으쓱이는 표현의 핵심적인 의미다.

우주에서 어깨를 으쓱이든 미국 동북부의 아주 작은 주로 알려진 델라웨어주에서 하는 어깨 으쓱임이든 그것은 같은 의미를 내포한다. 2006년 4월 12일, 델라웨어주 하원에서 주택경제발전·금융·보험위원회는 의사들과 반대 측 변호사들의 주장을 들은 뒤 의료과실법안에 대한 투표에 5 대 5로 표결했다. 찬반 동수 투표는 해당 발의가 무산된다는 의미이므로 도나스 스톤 의장은 투표 결과를 발표한 뒤 절차에 따라 휴회를 선언했다.

해당 법안을 발의했던 다수당 대표 웨인 스미스는 다른 의원들이 회의실을 빠져나올 때 회의에 늦은 하원의원 팸 손버그를 데리고 왔다. 그가 마지막 순간에 투표하고 서명하기만 하면 동수를 깰 수 있었다. 《AP》 리포터 랜들 체이스에 의하면 "스톤은 어깨를 으쓱이며 스미스에게 회의가 휴회되었다고 말했다. 하지만 스미스가 손버그에게 법안에 서명하도록 허용해서 해당 법안이 통과될 수 있도록 해달라고 말하자 스톤은 반대하지 않았다."

그날 스톤이 보여준 어깨 으쓱임은 두 가지 의미가 있다. 첫째, 우주비행사 루시드가 지구 밖에서 어깨를 으쓱인 것과 마찬가지로 스톤의 어깨 으쓱임은 투표를 다시 할 힘이 없음을 비언어적으로 보여주는 것이었다. 둘째, 다수당 대표와 가진 즉석 회의와 연관 지어 생각해보면 스톤의 어깨 으쓱임은 손버그가 뒤늦은 투표를 할 수 있게 해 달라는 스미스의 압력을 거절할 수 없었음을 암시한다. 어느 정도는 어깨 으쓱임 동작 덕분에 그 법안이 통과되었다고 할 수 있을 것이다.

 "자신이 어떤 것도 할 수 없거나 어떤 것이 진행되는 걸 막을 수 없는 상황에 놓였을 때 사람들은 종종 어깨를 빠른 동작으로 올린다."라고 찰스 다윈이 말했다. 오늘날 어깨 으쓱임은 체념과 의심에 대한 광범위한 신호로 보인다. 업무 중에 어깨를 들어 올리며 "예, 확신합니다."라고 말하는 건 "추측건대"와 마찬가지로 "그렇게 확신하고 있지는 않다."라는 말과 같다. 도나 스톤이 스미스에게 "회의는 휴회되었어요."라고 말할 때 그녀의 어깨가 "아마도"라는 의미를 더했던 것이다.

 어깨가 들리거나, 수축하거나, 상하로 움직이는 것은 말로 한 것에 미묘한 의혹을 더하는 것이다. 델라웨어주 하원에서 도나 스톤의 미묘한 어깨 으쓱임은 협상 때 필요한 육체정치학의 연구 대상이다.


 의사소통 자문가로서의 일을 수행하는 과정에서 어깨의 움직임을 파악하는 것은 내게 고객이 "안 된다(No)."라고 말하는 것에 대한 진지함을 측정할 수 있게 해 주었다. '안 된다.'는 보통 거절, 부인, 불신이나 의견 차이를 나타내는 부정적인 표현이다. 그것은 '아니다(Not).'를 의미하는 7천 년 된 인도-유럽 어족의 ne라는 고대어에서 생겨났다. 오늘날 직장에서 들을 수 있는 부정을 강조하는 일상적인 용어는 '절대로 안 된다(No way).'다. 단순히 '안 된다.'라고 말하는 것보다 좀 더 확실한 표현인 '절대로 안 된다.'는 결코 으쓱임과 함께 사용되지 않는다.

나는 '안 된다.'를 들을 때마다 그것이 진지한 거절인지 협상이 가능한 것인지 알아보기 위해 말하는 사람의 어깨를 바라본다.

으쓱임은 순식간에 지나가므로 주의해서 관찰해야 한다. 으쓱인다는 것은 한쪽이나 양쪽 어깨를 들어 올리거나, 앞쪽으로 수축시키는 것이다. 어깨를 으쓱인다는 것은 말로 한 것을 수정하거나, 거스르거나, 부정하는 신호일지도 모른다. 앞에서 언급했던 것처럼 어깨를 들어 올리며 "예, 확신합니다."라고 말하는 것은 "그다지 확신이 없습니다."라는 암시이다.

어깨 으쓱임은 "내가 왜 그 돈을 가져갔는지 모르겠어요. 그냥(Just) 가져갔어요."에서의 영어 단어 'Just'와 흥미로운 관계를 맺고 있다. 여기서 Just는 동기에 관한 불확실한 느낌을 전달하고 있다. 이 단어는 "그저(Just) 찰과상일 뿐이에요."에서처럼 '한낱(Merely)'이라는 의미도 내포하고 있다. 이러한 단어의 미묘한 차이는 모든 어깨 으쓱임 표현에서 다양하게 나타난다.

이사회에서 당신의 경쟁자가 어깨를 으쓱이는 것은 그가 당신의 제안이나 새로운 아이디어를 대수롭지 않게 취급하려는 의도일지도 모른다. '제거하다.'라는 의미가 있는 중세 영어 Shruggen에서 생겨난 Shrug(으쓱이다)는 Shrew(잔소리 심한 여자), Shriek(날카로운 소리)와 Shrimp(작은 새우)와 같은 단어에서 사용된 접두사 shr-이 그런 것처럼 '작음'을 의미한다. 접두사 shr-로 시작되는 단어들은 문법적으로 작거나 때로는 여성적인 것을 나타낸다. 그러므로 회의에서 동료가 단순히 어깨를 으쓱임으로써 당신의 아이디어를 하찮은 것으로 만들지도 모른다. 비록 그 Shrug라는 단어가 음운학적으로는 작은 것을 나타내지만 동작 그 자체는 치명적일 수 있다.

마감 시한을 물어볼 때 으쓱임을 탐지하는 것은 도움이 된다. 직장에는 업무 마감 시한이 있기 마련이므로 시한 협상이 가능한지 알아보기 위한 단서로 어깨 으쓱임을 관찰해 볼 수 있다. 내가 버지니아주의 알링턴에 있는 회사의 일을 봐주고 있을 때 그 회사의 회계부서에서 마감 기일을 모니터하며 일을 재촉하고 있다는 것을 알았다. 마감 기일을 맞추기 어려워졌을 때 회계부서의 론다 사무실에 들러서 "시간을 조금만 더 주시면 안 될까요?"라고 물었다.

론다는 평소처럼 "안 됩니다."라고 대답했다. 그러나 그녀가 그 말을 하면서 어깨를 으쓱했다면 나는 기한연장을 받을 기회가 있다는 것을 안다. 경직된 채로라면 그것은 불가능하다. 비언어적 신호를 발산하는 대부분 사람이 그러하듯 론다도 자신이 얼마나 단서를 주고 있는지 알지 못한다. 그녀는 부지불식간에 내가 얼마나 밀어붙이면 되는지를 말해버린 것이다.

일하면서 "안 **됩니다**(No)."를
들을 때마다
나는 협상이 가능한지 알아보기 위해
말하는 사람의 어깨를 본다.

교감신경에 의해 제어되는 승모근은 안면 근육과 마찬가지로 상당히 감정적이다. 얼굴, 목, 어깨처럼 교감신경에 의해 제어되는 근육들은 일시적으로 감정의 영향을 받는다. 론다를 비롯한 그 누구도 자신의 어깨가 가만히 있도록 의지력을 발휘할 수 없다.

어깨 으쓱임은 내가 좋아하는 단서다. 그것은 항상 무언가를 말해준다. 내 현장 메모 중에는 내 것뿐만 아니라 다른 사람이 어깨 으쓱임 단서를 관찰한 것도 포함되어 있다.

- 어깨 으쓱임이 나타내는 감정적 서사는 연예계의 영화, 드라마 등에서 강한 흥미를 끄는 요소로 각색되기도 한다. 1956년 영화 〈자이언트(Giant)〉에서 제임스 딘의 자신 없어 보이는 어깨 으쓱임과 록 허드슨이 떡 벌어진 어깨로 우월함을 나타내는 것 사이의 대비는 너무나도 극적이어서 이 행동이 대본에 쓰여있는 것처럼 보인다. 그러나 1955년 영화 〈워터프론트(On The Waterfront)〉의 감독인 엘리아 카잔에 따르면 딘의 으쓱임은 자연스러운 것이었다. 딘은 항상 으쓱였다. 직장에서 빈번하게 어깨를 으쓱이는 것은 당신을 나약하게 보이게 만들지도 모른다. 특히 당신의 직업이 배우라면 더욱 그렇다. 나약하다는 것은 당신에 대한 언어적인 공격을 가능하게 만드는 것이기 때문에 이사회에서는 으쓱임을 내보이지 마라.

- 골프, 야구, 농구, 축구와 같은 스포츠산업에서도 어깨 으쓱임이 상당히 중요한 역할을 한다. 인터넷에서 "그가 어깨를 으쓱했다."를 쳐보면 운동선수에 관한 엄청나게 많은 일화가 검색된다. 큰 경기를 앞두고 선수들은 기자에게 대개 으

쓱이면서 "경기에 나가 이기기 위해 최선을 다할 뿐입니다."라고 말한다. 경기에서 이긴 뒤 인터뷰에서 하는 으쓱임은 자신들이 어떻게 승리를 거머쥘 수 있었는지 확신하지 못하고 의심하는 심리를 나타낸다. 비즈니스에서도 일반적으로 그러하듯이 스포츠 세계에서 성공을 달성하려면 운이 중요한 요소로 작용한다.

- 프로운동선수들처럼 순전히 운이 승리에 큰 작용을 한다는 것을 솔직하게 이야기할 수 있는 직업은 드물다. 심지어 가장 위대한 운동선수조차도 승산을 인정하고 굽실거리며 어깨를 으쓱인다. 1998년 1월 25일 샌디에이고에서 열린 제32회 슈퍼볼에서 덴버 브롱코스가 승리한 뒤 그 팀의 쿼터백인 존 얼웨이는 《NBC 스포츠》와 가진 인터뷰에서 어깨를 으쓱이며 "믿을 수가 없어요."라고 말했다. 당신은 행운, 기회 그리고 뭔가 부족한 듯해 보이는 배당률에 대해 자신의 증권 중개인으로부터 이 정도 수준의 정직함을 기대하기는 힘들다. 중개인의 어깨는 보통 승리를 확신하듯이 직각으로 펴져 있다.

- 권모술수가 일상인 정치판에서 완전한 정직함은 희귀한 상품이다. 자신들이 말하는 모든 것이 표를 깎아 먹을 수 있으므로 정치인들은 신중하게 단어를 선택한다. 하지만 그들의 어깨는 그들이 말하지 않은 은밀한 계략이나 속임수를 말할 수 있다. 후보자가 웅변이나 토론에 능할 수도 있지만 순진무구하고 훈련을 받지 않은 그의 어깨는 공개적인 선언을 지원하거나 부인할 것이다. 사업계에서 어깨는 보통 말하고 싶어하는 모든 것을 말하는 어디로 튈지 모르는 대포와 같다.

- 1998년 9월 8일 미국의 전임 대통령 빌 클린턴은 플로리다주 올랜도에서 진행된 TV 기자회견에서 "저는 국민 여러분의 친구가 되기 위해 최선을 다했습니다. 그러나 저는 여러분을 실망하게 했고, 제 가족을 실망하게 했고, 이 나라를 실망하게 했습니다."라는 말을 할 때 자신의 어깨를 으쓱였다. 어떠한 훈련도 받지 않은 클린턴의 어깨는 백악관 인턴 모니카 르윈스키와의 부적절한 관계를 인정하면서 국민 앞에서 굽실거렸다. 이것은 '정치적인 연설'과 '몸짓언어' 간의 일치를 보여주는 흔치 않은 경우다. 그 두 가지는 종종 일치하지 않는다. 그런데 올랜도에서의 클린턴의 어깨와 연설은 진실을 말했다.

내 현장 메모 중에는 일반인에 대한 관찰도 포함되어 있다. 어휘와 발음은 나이가 들고 교육을 받으면서 향상될 수 있지만, 일생을 통틀어 어깨는 대부분 교습을 받지 못하고 지낸다. 어깨는 양심의 가책이나 심사숙고 없이 자기가 하고 싶은 대로 한다. 이 장을 읽고 나면 마이크로 소프트, 보잉이나 제너럴 일렉트릭 등 어느 곳에 근무하든 어린이가 어깨를 들어 올리는 것과 똑같은 방법으로 동료가 어깨를 들어 올리는 것을 볼 것이다.

- 아빠가 "점심 사 먹을 돈 있니?"라고 묻자 아들이 "예."라고 대답하면서 왼쪽 어깨가 약간 들려 올라간다. 아빠가 "확인해 보는 게 좋을 거야."하고 응대한다.

- "회보에 실을 칼럼이 다 됐나요?"라는 사장의 질문에 부장이 대답하면서 오른쪽 어깨가 올라간다. 그러자 사장이 "내일까지 끝낼 수 있죠?"라고 응대한다.

세월이 지나면서 얻어지는 지식과 성숙도와 관계없이 그들의 어깨는 같은 신호를 보내었다.

- 재무이사가 사장의 방문 앞에서 기웃거린다. 그는 머리를 조아리며 양쪽 어깨를 움츠린 채 "잠깐 말씀 좀 드려도 될까요?"라고 조심스럽게 말한다. 내가 대부분 직장에서 보았던 거와 마찬가지로 이사가 격식을 차려 정중히 하는 요청은 상대방의 비위를 맞추려는 것이다. 사장의 전망 좋은 고급 사무실과 커다란 책상이 "나는 위대하고 강한 오즈야."라고 말한다면 이사의 어깨는 "저는 작고 유순한 도로시예요."라고 대답하는 것처럼 보였다.

# 02

# 예의와
# 기만

> 나는 당신을 존경한다, 진실이든 아니든

        사무실에서 어깨 으쓱임은 비언어적 의사소통 신호로서 많은 의미와 느낌을 지니고 있다. 어깨를 으쓱이는 동작은 대면회의에서 미묘하게, 때로는 극단적으로 구어의 의미를 변화시킬 수 있다. 요리에서 말이 음식 재료라면 어깨 으쓱임은 양념이다. 그것은 말의 내용에 약간의 의심, 부족한 자신감, 일축이나 무관심을 더할 수 있다.

  으쓱임의 핵심적 의미는 오므리거나 웅크려서 멀어지려는 신체적인 물러남이다. 직장에서의 으쓱임은 사회적 노출로부터 자신을 보호하는 것이다. 몸은 위해를 가하는 사람에게서 자연적으로 거리를 둔다. 사장의 방문 앞에서 머리를 조아리며 웅크렸던 재무이사는 사장의 방에 들어가지 못하고 물러날 가능성에 대비해 자신을 보호하고 있었다. 사장이 짜증이 나서 "나 지금 바빠!"라고 으르렁거릴지도 모르는 것이었다. 그래서 재무이사의 고두, 즉 머리를 조아려 경의를 표하는 예는 "사장님, 들어가게 좀 해 주세요."라며 미리 사장의 양해를 구하는 것이었다. 머리를 바닥에 조아리는 이 인사는 한쪽 다리를 뒤로 살짝 빼고 무릎을 약간 구부리는 인사나 복종의 의미로 하는 절과 같이 "저는 당신을 해칠 의도가 없습니다."라는 메시지를 드러낸다.

고두는 '당신을 존경한다'는 감정을 의도적으로 꾸며낸 태도이다. 복도에서 사장과 마주쳤을 때, 사장이 직원회의에서 큰 소리로 말할 때나 구내식당 앞을 가로지를 때 우리 몸은 의식하지 못한 상태에서 고두를 할지도 모른다. 조아림은 광고 전략 중 소프트 셀(Soft Sell)과 같다. 제품을 직접적으로 강하게 소비자의 머리에 주입하는 하드 셀(Hard Sell)과 달리 소프트 셀은 소비자의 긍정적인 감정을 끌어올리는 데 주력하는 광고 방식이다. 우리는 잘 보여야 하는 상대방에게 무의식적으로 이 동작을 하도록 신경학적으로 프로그램이 되어 있다. 하지만 사장이 답례로 으쓱이지 않는다고 놀라지는 마라. 대개 극도로 강력한 조아림은 임원들에게만 하는 것이지 아랫사람에게 하는 것이 아니기 때문이다.

"고두"라는 단어는 과거 중국 청나라 때 관청에서 쓰던 표준말인 관화 중 "찧는다(To Knock)"라는 의미가 있는 kou와 "머리(Head)"라는 의미를 지닌 tou라는 두 단어에서 생겨났다. 원래 고두는 항복, 존경이나 숭배의 의미에서 무릎을 꿇고 이마를 땅바닥에 대는 것을 말한다. 어깨를 으쓱이는 거와 마찬가지로 고두의 핵심적인 의미는 높은 지위에 있는 사람이 내뿜는 위험으로부터 웅크려 피하려는 것이다.

포씨포씨는 아프리카 부르키나파소에 사는 모시 족에서 볼 수 있는 모든 웅크린 자세 중에서 가장 자기를 내세우지 않는 자세다. 포씨는 모시 어로 "아주 작은 것(Poussi)"을 나타낸다. 포씨포씨를 하기 위해서는 신체에 높이를 더해 주는 신발과 머리에 쓴 것을 벗고서 두 다리를 한쪽으로 모으고 앉아 몸을 낮춰 바닥을 두드리므로 머리에 먼지를 뒤집어쓸 수도 있다. 당신이 봉급인상을 위해 굽실거리는 동료를 보고 있는 것이 아닌 한 현대의 사무실 환경에서 포씨포씨를 상상하기는 힘들다.

## 기만이 있었다

《미국문화유산사전》은 '어깨 으쓱임(Shoulder Shrug)'을 "의심, 무시나 무관심의 동작"이라고 정의하고 있다. 어깨 으쓱임은 정말 많은 의미가 있는 동작이지만 여기에 또 다른 예가 있다. 사업계에서 으쓱임은 기만의 신호가 될 수도 있다.

짐은 중견기업의 업무지원센터에서 컴퓨터 백업을 관리했다. 평일 늦은 시간에 회사 동료 오피가 짐의 사무실에 들러서 회사 서버에 데이터베이스 백업을 복원해 달라고 부탁했다. 데이터베이스 파일에 무슨 일이 있었는지 물어보자 "오피는 '왜 그런지 모르겠지만 자신이 데이터베이스에 오류를 일으킨 것 같아서 복원을 원한다.'라고 말하면서 자신의 어깨를 으쓱했다."라고 짐이 보고했다.

오피는 왜 정확하게 그 순간에 어깨를 으쓱였을까? "왜 그런지 모르겠지만"이라는 말로 미루어 볼 때 의심의 요소가 불확실해서 어깨를 으쓱인 것으로 보였다. 그러나 짐은 머지않아 오피의 어깨 으쓱임이 불확실성이 아닌 기만의 신호였음을 깨달았다.

오피가 짐의 사무실을 방문한 지 2주가 지난 뒤 다른 동료 타지가 짐에게 전화해서 똑같은 서버에 똑같은 데이터베이스를 복원해 달라고 요청했다. 짐이 타지를 위해 복원을 마치는 순간 타지로부터 파일을 복원했는지 묻는 전화가 왔다. 요청받은 대로 복원을 막 마쳤다고 대답했다. "일순간의 침묵"이 흐른 뒤 약간 짜증 난 듯한 말투로 타지가 자신의 데이터베이스에 문제가 있는 것을 발견했다고 말했다. 대면회의가 절박해 보였다. "내가 금방 내려갈게."라고 타지가 말했다.

"몇 분 뒤 화가 난 타지가 내 사무실로 걸어 들어왔다. '오피가 이 서버에 복원해 달라고 언제 부탁했지? 오피가 그런 부탁을 한 적이 있지?' 몇 주 전에 그랬다고 말해주자 타지는 잠깐 나를 바라본 후 발뒤축으로 팽그르르 몸을 돌려 개발실로 향했다. 곧 무슨 일이 일어나면서 내 이름이 거론될 것 같기도 해서 그를 따라갔다."라고 짐은 적고 있다. 오피의 어깨 으쓱임은 그가 무엇인가를 숨기고 있음을 암시하는 게 확실해 보였다.

두 번째 회의가 열렸다. 타지는 비난하듯이 집게손가락으로 오피를 가리키면서 오피가 자신의 데이터베이스를 엉망으로 만들었다고 말했다. 문제의 데이터베이스는 공식적으로 타지의 소관이었는데 오피가 부당하게 변경함으로써 타지의 모든 업데이트 자료를 날아가게 했던 것이다. 짐은 "오피는 자신의 의자에 뒤로 기대어 팔짱을 끼고서 아무 말도 하지 않았다."라고 회상했다. 타지는 지원을 요청하듯이 나를 바라보았다. 나는 어깨를 으쓱이며 "내가 방금 백업을 했어."라고 말했다.

"어떤 사람이 어떤 일을 할 수 없거나 어떤 일이 생기는 것을 막을 수 없는 상황에 직면했을 때 그는 종종 빠른 동작으로 양쪽 어깨를 들어 올린다." 찰스 다윈의 관찰이 너무나 선견지명이 있었기 때문에 다시 한 번 인용한다. 1872년에 발간된 그 책 속에 있는 이 말은 짐이 타지에게 한 행동을 설명하고 있다. 다윈은 으쓱임의 신호에 담긴 "무력함"을 백 년 전에 감지한 첫 번째 사람이다. 다윈의 통찰력은 137년이 지난 뒤에도 유효했다. 짐의 어깨 으쓱임은 오피가 타지의 작업물에 제멋대로 수정을 가한 것을 막을 수 없었던 것에 대한 무력감을 나타내는 분명한 메시지였다.

그 분쟁을 해결하기 위해 마련된 네 번째 대면회의에서 회사의 정보통신 이사가 관련된 세 사람을 만났다.

오피가 타지의 프로젝트에 승인되지 않은 자신의 업무 내용을 덧씌우려고 한 행위는 부당한 것으로 판명되었다. 오피는 비록 해고되지는 않았지만, 그 후 회사에서 새로운 작업을 배당받지 못했다.

디지털 손상을 초래한 오피의 동기가 완전하게 설명되지 못했지만, 그와 짐의 어깨 으쓱임의 의미는 분명하게 두드러진다. 둘의 어깨 으쓱임은 같아 보이지만 각각은 다른 의미가 있다. 짐의 으쓱임은 다윈의 무력한 감정을 나타내고 있다. 오피의 으쓱임은 기만이었다. 왜 백업이 필요한지에 관한 질문을 받자 그는 "동료의 데이터베이스에 방해행위가 필요하다."라는 솔직한 말 대신 "왜 그런지 모르겠지만 내가 데이터베이스에 오류를 일으킨 것 같아."라며 거짓말을 했다. 정신적으로는 진실을 말하는 것보다 거짓말을 생각해 내는 것이 더 어렵다. 오피의 어깨 으쓱임은 대답에 대한 불확실성을 보여준 것이다.

# 03

# 달콤한
## 어깨

의사 구애

      회의에서 "왜 아니겠어?(Why not?)"라는 수사적 의문이 들릴 때 당신은 말하는 사람의 머리가 기울어지고, 손바닥이 위로 향하며, 어깨가 올라가는 것을 종종 볼 것이다. 이 세 가지 동작은 다윈의 어깨 으쓱임 표현과 같은 범주에 속한다. 으쓱임과 같은 분류로는 비쭉 내민 입술, 안짱다리 그리고 발끝이 항상 안쪽을 향하고 있는 내반족 모습이 있다. "왜 아니겠어?"와 함께 어깨 으쓱임의 구성 부품들이 동기에 대한 불확실성을 보여주는 것이다.

      2008년 10월, 보더스 북 페스티벌의 감독 알리스테어 모팻은 자신이 스코틀랜드의 멜로즈에서 개최할 예정인 학회에 저명한 인물인 데임 조안 베이크웰을 초대하기로 용기를 냈다. 갈라 이벤트는 2009년 6월의 어느 날로 계획되어 있었다. "그녀에게 우리 페스티벌에 참가할 의향이 있는지 물어보았다. 기쁘게도 그녀가 으쓱이며 '네, 왜 가지 않겠어요?'라고 대답했다."

사업가인 모팻은 데임 베이크웰의 명성이 참가자 수를 늘리고 순익을 올리는 데 도움이 되리라는 것을 알고 있었다. 영국의 저명한 저널리스트이고 TV 스타이자 2005년 출간된 《침대의 한가운데(The Centre of the Bed)》의 저자에게 참가를 요청한다는 것은 도박일 수도 있었다. 그녀는 BBC 스타이며 영국 노인권익협회의 임원이었다. 그는 기회를 잡아 제안했고 곧 그녀는 예스라고 대답했다.

데임 베이크웰은 "왜 가지 않겠어요?"로 "네"라는 단어를 수식하게 하고 어깨 으쓱임으로 그것에 뉘앙스를 주도록 만들었다. 내가 그들의 만남에 참석하지는 않았지만, 그들은 의미심장한 의사 구애 신호를 많이 주고받았으리라 생각된다.


"의사 구애(Quasi-courtship)"라는 말은 1965년 정신과 의사 앨버트 쉐플랜이 성과 무관한 구애에 대한 용어로 도입했다. 의사 구애는 비즈니스 세계에서 동료와 좋은 관계를 형성, 유지하고 사업 거래를 성사시키기 위함에 목적이 있다. 의사 구애의 비언어적 행동의 범주는 활기찬 미소와 웃음, 시선 유지, 머리 기울임, 머리 휙 치켜들기와 어깨 으쓱임 등이다. 커플 간 성애적 몸짓언어와 유사한 이 행위는 다른 사람과 상호 작용하는 데 긍정적인 힘이 될 수 있다. 자문 일을 하면서 사무실에서 의사 구애를 종종 보아왔다. 사무실에서의 의사 구애는 진짜 연애를 하는 것처럼 친밀한 관계를 구축하고 근무시간을 좀 더 즐겁게 만든다.

1933년에 태어난 베이크웰은 자신의 지적이고 아름다운 외모를 방송에서 주목받는 데 활용할 줄 알았다. 그녀는 젊은 시절 짧은 옷을 즐겨 입었을 뿐만 아니라 유명한 극작가와도 오랜 시간 교제했다고 전해진다. 나는 그녀가 자신의 성적 매력을 거리낌 없이 드러내는 경력을 가지고 있다는 점에서 그녀와 모팻 사이에 구애를 통한 흥분이 2008년 만남에 존재했을 것으로 생각한다. 물론 그것은 말 그대로의 성적 구애가 아닌 의사 구애였지만 그것이 그녀의 긍정적인 답변을 유도하는 길을 닦았다고 추측한다.

## 사내연애는 어깨한테 들킨다

의사 구애와 진짜 연애 사이의 유사한 행동 범주에도 불구하고 직장에서 이 둘은 대부분 명확하게 구분된다. 성적인 버전에서는 좀 더 과장되기 때문이다. 어깨를 예로 들어보자. 서로에게 홀딱 반한 두 사람이 사무실에 있는 경우, 어깨는 사무실에 있는 모두가 알아차릴 정도로 명백한 추파를 던질 수 있다. 스타벅스에서 카페라테를 두고 시시덕거리면서 어깨를 비비꼬고, 꼬집고, 둥글게 말던 남녀를 관찰했던 것이 기억난다. 그들의 어깨만 가지고도 성적인 유혹이 분명하다는 것을 알 수 있었다. 이와 같은 행동을 구내식당에서 보았다면 당신은 싹트기 시작하는 사내연애의 증인이 될 수도 있다.

나는 《사랑의 신호》에 다음과 같이 "어깨가 말한다."라는 절을 추가했다.

짝으로 되어 있고 몸통에 팔을 연결하는 관절로 이루어진 어깨는 세상 모든 곳에서 성적인 매력이 있는 신체 부위로 여겨진다. 어깨의 수평적이며 각진 형태는 각진 실루엣을 인간의 모습에 더해준다. 위팔의 둥근 삼각형 모양의 곡선으로 된 근육들이 어깨의 모남을 완화한다.

이렇게 눈에 띄는 어깨는 어깨 패드나 민소매 블라우스, 불룩한 소매로 더욱 주목받는다.

업무회의에서 어깨를 으쓱이는 행동은 불확실성이 높은 상태에서 나온다. 반면 구애를 하면서 으쓱이는 행동은 정겹고 유혹적이다. 《사랑의 신호》에서 다시 한 번 인용한다.

"유순하게 들어 올린 어깨는 파트너에게 가까이 오라고 초대하는 것이다. 그 신호는 그녀가 뒤로 물러서거나, 외면하거나, 접근을 회피하지 않을 것이라는 걸 나타낸다. 우리는 자신이 좋아하는 사람과 같이 있으면 무의식적으로 어깨를 수축하거나 들어 올린다."

직장에서 메모나 회의록에 적힌 모든 말이 중요하듯이 우리는 감정과 기분을 나타내는 어깨에도 주목할 필요가 있다. 그러나 어깨가 보내고 받는 무수히 많은 메시지에도 불구하고 그것이 무엇을 말하고 있는지에 대한 훈련이나 세미나는 아직 없는 것 같다. 말로 표현되지 않은 불확실성과 의심을 모니터하고 싶다면 어깨를 주의 깊게 관찰하라. 말과 으쓱임이 일치하지 않는다면 먼저 어깨를 믿어라. 어깨 동작은 말을 하는 것보다 감정적인 통제부에 의해 제어되기 때문에 더 믿음직스럽다. 어깨를 잘 관찰하면 직장에서의 감성 지능이 향상될 것이다.

Part. 06

# 다양한
# 머리모양 전략

## 01
—

# 트럼프는
# 혼자 서 있다

**그의 과장된 머리모양**

직장에서 당신의 머리는 자신에 대한 이력서가 될 수 있다. 종이로 된 이력서가 당신의 이력에 대한 간략한 설명인 것과 마찬가지로 머리는 당신의 지위와 역할을 빠르게 파악하게 해 준다. 이력서와 달리 당신의 머리는 근무시간마다 사무실에 노출되어 있다. 손, 어깨나 눈이 보내는 비언어적 신호는 주의 깊은 관찰이 필요하지만, 책상 아래나 옷 속으로 숨길 수 없는 머리는 지속해서 당신을 내보인다. 머리는 사무실에서 당신의 성별, 나이, 자격과 또래 집단 간의 소속감을 드러낸다. 머리의 색깔, 모양과 윤기는 글로 된 서술보다 당신을 즉시 파악하게 만든다.

이것은 "실로 짤 수 없는"과 "이상하게도 최면을 거는 듯한" 특징적인 머리 올려 빗기로 유명한 도널드 트럼프에게 해당한다. "말장난이 아니라 트럼프의 머리모양은 과장된 것이다."라고 맨해튼에 있는 우이데디 헤어살롱 사장인 우이데디가 말했다. 이 스타일리스트는 "그는 모든 것을 과장되게 한다."며 도널드의 폭포 같은 머리카락이 그의 얼굴을 압도하는 모자의 챙 같다고 덧붙였다. 어떤 조언을 할 수 있겠는지 질문을 해 보았다. 그녀는 그의 긴 앞머리를 자르고 윗부분도 짧게 자르고 싶다고 이야기했다.

그러나 크게 부풀린 콤오버(Comb-over) 스타일의 머리를 과격하게 잘라내면 트럼프의 캐릭터가 너무나 변모되기 때문에 그는 더는 "그 트럼프"가 아닐 것이다. 트럼프의 트레이드마크인 그 머리모양이 너무나 알려졌기 때문에 한때 트럼프 가발이 핼러윈 복장의 베스트셀러가 된 적이 있었다. 트럼프의 올려 빗는 머리모양은 그를 대신해서 효과적으로 말을 하고 있다. 그렇게 산만한 머리모양을 하고서는 취업면접에서 통과하지 못했겠지만, 그 머리모양은 사업가로서 그 남자를 돋보이게 만들며 대담한 인상을 주었다.


트럼프의 머리모양은 너무나 독특해서 기업이미지 통합전략의 첫번째 규칙인 "같은 편에 서라."에 어긋난다. 즉 트럼프와 같은 머리모양을 한다면 당신은 자신의 팀에 동화되지 못하고 튀어버린다. 당신이 사장이 될 때까지 당신은 그 회사에 소속되어 있음을 나타내는 머리모양을 하라. 워싱턴의 레드먼드에 있는 '마이크로 소프트사'에 근무하고 있다면 마이크로 소프트사의 머리모양을 하라. 당신이 시애틀의 워싱턴 호수 바로 건너편에 있는 '더 스트레인저'에 근무하고 있다면 그 회사 스타일의 머리모양을 하라. 직장에서의 머리모양은 같은 무리의 사람들과 비언어적으로 자연스럽게 어울리는 것이다.

1960년 이후 회사의 머리모양에 가장 크게 영향을 미친 것은 대중매체였다. 1960년대에는 비틀스의 TV 이미지에 의해 반체제 스타일의 텁수룩한 머리모양이 남자들에게 인기를 끌었다. 1970년대에는 길게 땋은 머리를 하고서 TV에 나온 미국 포크송 가수 조앤 바에즈의 모습에 영향을 받은 여성들이 당시 짧게 파마를 하는 스타일을 버리고 아주 긴 직모 스타일의 머리를 했다. 1980년대에는 1950년대에 마릴린 먼로가 했던 약간 헝클어뜨린 금발 머리가 인기가수 마돈나에 의해 좀 더 성적 매력이 있는 것으로 유행을 탔다. 1990년대에는 1956년에 제작된 영화 〈왕과 나(The King And I)〉에 출연했던 배우 율 브리너의 빡빡 깎은 머리모양이 시카고 불스 농구선수인 마이클 조던의 TV 광고로 유행했다. 2000년대에는 머리를 단정하게 짧게 깎은 머리가 직장에 다니는 남성들의 표준으로 자리잡았다.

오늘날의 여성들에게는 미디어 아이콘이며 사업가인 마사 스튜어트의 염색한 단발머리가 유행의 기준이다. 할리우드 스타일리스트 조지 캐럴은 스튜어트의 머리모양이 드라마의 영향을 받은 동시에 그녀의 선량함을 강조하기 위해 꾸며진 것이라 말한다. 스튜어트는 오른쪽에서 시작되는 가르마를 타고서 머리카락이 왼쪽 눈을 약간 가리도록 늘어뜨림으로써 1940년대 영화배우인 베로니카 레이크처럼 신비스러움을 더했다.

얼굴과 머리모양은 직장에서 이목을 끌고 호기심을 자아내는 역할을 한다. 그것은 4차 산업혁명 시대인 오늘날에도 머리모양이 강력한 표현의 도구로 존재할 수 있는지에 대해 질문을 하게 만든다. 우리가 살펴보겠지만 사실 그 질문은 전자공학보다 수백 만년은 더 오래되었으며 대답은 지금도 진화하고 있다. 다른 포유류와 마찬가지로 인간은 양호한 건강, 잘 단장된 차림새와 상대방의 머리모양을 살펴보도록 유전적으로 프로그램되어 있다. 직장에서 머리모양에 신경 쓰는 건 포유류 뇌에 남아있는 원시적 신경회로의 영향이다.

사무실에서 크게 부풀린 머리모양을 하는 것이 왜 잘못되었는가? 구레나룻의 길이는 얼마가 적당한가? 앞머리는 능력과 무슨 관련이 있는가? 턱수염은 남성의 신뢰성에 어떤 영향을 미치는가? 할리우드의 머리모양은 인상적인 데 반해 월스트리트에서는 왜 그렇게 따분한가? 인류학, 생물학과 신경학에 그 대답을 찾을 수 있는 단서가 있다. 근무 중인 당신의 머리모양은 당신의 무엇을 말하고 있는가?

# 02

# 머리카락이 보내는
# **개성 신호**

; 머리카락의 마력

머리카락에 대한 강한 흥미는 포유류의 과거에 깊은 생물학
적 뿌리를 두고 있다. 우리는 사무실에서 동료의 머리카락 상태나 탈
모를 의식하고, 모니터하며, 언급하는 데 많은 시간을 소비한다. 이
것은 우리가 손질 잘된 머리카락이 건강과 높은 지위를 나타내는 신
호가 되는 포유류이기 때문이다. 생물학적으로 같은 용도로 사용되는
비늘, 깃털과 모피는 머리를 따뜻하게 유지할 뿐만 아니라 직사광선
으로부터 머리를 보호한다. 한때 머리모양은 우리 선조들이 자연경관
과 구별이 어렵게 위장용으로도 사용되었다. 오늘날의 머리모양은 당
신이 사무실의 한 부분에 속할 수 있도록 도움을 준다.

머리카락은 케라틴이라는 질기고 물에 녹지 않는 단백질로 되어 있
다. 머리만이 당신을 특징짓는 것은 아니지만 중요한 상징이 된다. 머

리뿐만 아니라 손·발톱이나 팔·다리의 털, 눈썹이나, 속눈썹에서도 당신 고유의 특성이 담겨 있지만, 머리 길이는 특히 당신의 개성을 드러내는 중요한 지표가 된다.

인류학자들은 어떤 사람과 그의 머리 사이에 신비한 연관성이 있다는 것을 발견했다. 호주에서부터 잠비아까지 이르는 토착문화에서는 다른 사람의 머리카락을 소지하고 있으면 그 사람의 기운을 보유한다고 믿는다. 북아메리카, 휴런, 모호크와 이로쿼이의 원주민 전사들은 자신들이 전쟁에서 무찌른 남자들의 머리카락이 붙어 있는 두피를 챙겼다. 현대세계에서 머리모양의 단정함은 그 사람이 회사를 대신해서 기꺼이 영업에 매진하리라는 것을 나타내는 상징이 되었다. 정기적으로 손질하는 것은 조직의 기강을 세우는 데 도움이 된다.

2008년, 캘리포니아주 칼즈배드에 소재한 미국의 선도적인 트레이딩카드 회사인 어퍼데크컴퍼니가 에이브러햄 링컨, 베이브 루스, 존 F. 케네디와 아파치 추장 제로니모와 같은 유명한 사회적 인물들의 머리카락을 코팅해서 팔기 시작했다. 머리카락 대부분은 전문가인 존 레즈니코프에 의해 진품으로 밝혀진 수집품에서 나온 것이었다. 2008년 11월, 이베이에 올리자 링컨의 머리카락이 2만 4천 달러에 팔렸다. 그것은 인간이 머리카락에 얼마나 큰 관심과 환상을 가지는지를 증명해 준다. 16세기 대통령의 손톱 조각도 이보다 높은 가격에 팔리지는 않을 것이다.

머리카락 한 올에 수천 달러를 지급하는 것이 이상하게 보일지도 모른다. 그렇지만 그것은 한 번의 이발에 1,250달러를 지급하는 것과 비슷한 수준으로 별스러울 뿐이다. 머리카락이 그 사람의 개성을 드러내는 상징적 기호라면 이발료는 자기도취의 지표가 될 수 있다. 나르키소스(Narcissus)가 에코(Echo)를 포함한 많은 님프(자연의 정령, Nymphs)의 성적인 접근을 퇴짜 놓은 뒤 아르테미스(Artemis)로부터 연못의 물에 비친 자신의 모습을 사랑하도록 저주받았던 그리스 신화를 상기해 보자. 그 젊은이는 불운하게도 자신의 사랑에 화답하기 위해 물 위에 비친 모습을 잡으려고 시도하다가 쇠약해져서 수선화로 변한 뒤 오늘날까지도 그 이름을 남기고 있다.

우리 대부분은 출근하기 전에 거울을 보며 자신의 머리모양 상태를 점검하고 근무시간 내내 거울 앞에서 그것을 다시 점검한다. 이것이 우리를 자기도취자로 만들지는 않는다. 하지만 지나치게 거울을 들여다보는 행위는 자기애적 성격장애(NPD)의 한 증상으로 의심받을 수도 있다. 자기애적 성격장애란 자신이 타인과 비교가 안 될 정도로 우월하다는 느낌 때문에 일상생활에 적응하지 못하는 것을 일컫는 성격장애이다.

2007년 3월, 거울 앞에서 지나치게 머리모양을 손질하는 모습이 유튜브에 재미있는 동영상으로 올라온 적이 있다. 동영상을 보면 당시 미국 대선 부통령 출마자였던 존 에드워드가 손거울을 보며 〈난 예쁜 것 같아(I Feel Pretty)〉라는 노래에 맞춰 앞머리를 반복적으로 헝클어 트리고 있는 것을 확인할 수 있다. 머리를 부드럽게 빗어 넘기기 위해 손가락 끝의 지문이 있는 쪽을 사용해서 반복적으로 자신의 앞머리를 건드리고, 맵시를 내고, 만지작거린다.

에드워드가 자신의 머리에 눈을 고정한 채 반복해서 맵시 내는 데 신경 쓰는 건 그의 숨겨진 허영심과 우월감을 드러내는 큰 신호였다. 그는 선거유세 중 연설에서 자신을 언더독(Underdog)의 대변자로 묘 사했다.

언더독은 스포츠에서 우승이나 이길 확률이 적은 팀이나 선수를 일 컫는 말로, 여기에서 '언더독 효과(Underdog Effect)'는 상대적 약자, 또는 부당한 희생자에게 지지표가 몰리는 현상을 말한다. 그러나 실 제로 그는 승자의 역할을 대단히 즐기는 것으로 보였다. 자신의 머리 모양에 대한 과도한 집착이 심각한 단계의 자기애적 성격장애는 아니 었을지 모르겠지만, 그가 약자들보다 자기의 인상에 훨씬 더 많은 관 심을 가지는 것처럼 보였다. 자신은 약자들의 대변자라는 그의 주장 은 자신의 머리에 수백 달러의 이발료를 기꺼이 지출할 것으로 보이 는 그의 영상 덕분에 설득력을 잃었다.

에드워드의 헤어스타일리스트인 베벌리 힐스의 조셉 토레누에바는 2007년 7월 미국의 조간신문인 《워싱턴 포스트(The Washington Post)》 와의 인터뷰에서 한 번의 이발에 1,250달러였으며, 거기에는 그가 후

보자의 머리를 손질하기 위해 애틀랜타에 가는 항공료도 포함되어 있었다고 밝혔다. 그는 "에드워드는 좋은 머릿결을 가지고 있다."라고 이야기했다. "나는 그 남자를 멋지고, 강하며, 좀 더 어른스러워 보이게 만들려고 노력하고 있다. 이러한 일은 전문가인 우리가 하는 일이다." 그 신문은 계속해서 그 헤어스타일리스트는 한 번의 이발에 300달러에서 500달러를 청구했으며 항공료, 호텔비와 식비는 별도였다고 보도했다. 그 당시 남성의 이발료가 평균 15달러였기 때문에 머리카락에 대한 에드워드의 관심이 자기애적 성격장애 경계에 있다고 말할 수 있다. 그의 동료 중 일부는 그가 정도를 넘어섰다고 생각했다.

자아도취적 신호를 보이는 사람들의 비언어적 전략은 부정적인 것에서 관심을 돌리기 위해 긍정적인 신호를 보여주는 것이다. 2008년에 2년 전 있었던 선거운동본부 여직원과 에드워드가 바람을 피웠다는 사실이 밝혀졌다. 에드워드의 '꽃미남' 머리모양은 그의 바람둥이 경향을 어느 정도 감추어 주고 있었던 것인지도 모른다. 같은 해 8월 8일, 그의 아내 엘리자베스가 유방암 투병을 해오고 있다는 사실도 함께 밝혀지면서 에드워드는 대선후보에 어울리지 않는 믿을 수 없는 남자라는 비난을 받았다. 분명 그런 요인이 버락 오바마 행정부에서 정치적 지위를 차지할 수 있었던 그의 기회에 손상을 입혔다. 에드워드의 머리모양은 그의 처신이 거짓임을 보여주는 것이었다.

정치가나 사업가가 하는 머리모양은 때로는 이질적으로 보여질 수 있다. 중국 국가주석 후진타오의 새까만 머리모양을 생각해 보자.

2007년에 게재된 사진에서 당시 64세였던 후진타오는 짙은 검은 머리를 왼쪽에서 가르마를 타서 기름을 발라 앞이마 위로 매끈하게 넘겼다. 그의 나이쯤이면 최소한 흰 머리가 몇 가락이라도 보일 법한데 그의 머리는 지나치게 젊어 보였다.

제이슨 레우는 《월스트리트저널》에 쓴 기사에서 "중국의 거물들은 염색약을 찾는 시기가 빠르다. 요즘에는 중국의 일류 정치가나 사업가 중 아주 적은 사람만이 머리가 세는 것 같다."라고 썼다. 레우는 후진타오의 전임자로 당시에 81세였던 장쩌민이 그때까지도 칠흑 같은 검은 머리를 하는 것에 주목했다. "부호 서열에 드는 사람 중에서 흰 머리를 하는 사람이 거의 없다."라고 레우가 언급했다.

중국의 거물들과 달리 미국의 일류 정치가나 사업가는 경륜을 가진 메시지를 나타내기 위해 "흰머리 해법(Silver Solution)"을 택한다. 흰머리는 그들이 많은 역경을 경험했고 어떻게 앞서서 이끌고 가야 하는지를 알고 있다는 것을 나타낸다. 더구나 이런 흰머리 해법은 영장류에게서도 나타난다. 적도아프리카의 마운턴고릴라 집단의 지도자는 실버백이라고 알려져 있다. 성인 수컷이 나이가 들면서 등 쪽에 있는 털이 검은 색에서 경험을 가진 연장자임을 암시하는 회색으로 변한다. 고릴라 집단의 구성원들은 우세한 실버백의 모피를 알아차리고 그 회색의 지도자에게 경의를 표한다. 설령 회색 등을 검은색으로 염색할 수 있다 하더라도 그들은 아마 그렇게 하지 않을 것이다. 덤불에서는 중국식 "검은 머리 해법(Black Solution)"이 선택되지 않을 것이다.

서양 사무실에서 다양한 머리모양을 관찰해왔던 나는 남녀의 머리모양에 대해 다음과 같은 점을 강조하고 싶다.

- 당신이 속한 산업의 규범에 적합하게 디자인된 머리모양을 하라. 실리콘밸리와 월스트리트는 다른 기준을 가지고 있다. 《에스콰이어(Esquire)》나 《보그(Vogue)》보다는 당신이 속한 산업계의 전문지를 찾아보라.
- 머리카락의 자연스러운 윤기를 강조해주는 샴푸를 사용하라. 머리카락의 윤기는 건강과 잘 단장한 차림새의 흔적이다. 염색은 당신을 좀 더 젊게 보이게 할 수는 있지만, 머리카락을 약하게 만든다. 당신을 덜 숙련된 것으로 보이게 만드는 머리염색은 피하라.
- 흰머리를 너무 빨리 제거하지 마라. 적절한 흰머리는 권위적인 분위기를 제공한다.

## 머리는 귀찮은 것이다

회사에서의 머리모양의 중요성을 살펴보았다. 이제 대머리(Baldness)와 "대머리처럼 보이는 것(Bald Look)"을 살펴보자. 대머리처럼 보이는 것은 사무실에서 점점 증가하는 시각적인 현상이 되었다.

대머리인단체의 미션 디렉터인 마이크는 "머리는 귀찮은 것이다."라고 말한다. 20대 초반에 머리가 빠진 마이크에 따르면 "머리가 빠진 모든 남성은 부정에서 긍정으로, 궁극적으로는 감사로의 개인적인 여행 과정을 겪는다. 그 과정은 몇 주, 몇 달, 몇 년이 소요될 수도 있다. 하지만 그 경험은 소요된 시간에 상관없이 같다."

2006년 11월에 설립한 대머리인단체의 미션은 대머리인 사람들에게 자존감을 높이고, 자아수용을 격려하고, 대머리에 대한 대중의 인식을 변화시키는 것에 있다. 배우나 모델, 가수의 풍성하고 멋스럽게 꾸민 머리는 우리를 매혹시키고, 그렇지 않은 머리는 부적절하다는 인식을 심어준다. 때문에 M자 모양으로 이마가 넓어지고 머리 중심부에도 탈모가 진행된 남성은 무기력하며, 자신을 가꿀 줄 모르고, 정력적이지도 않다고 느낀다. 많은 남성이 자신의 젊었을 적 모습의 결정적인 부분을 남성형 대머리가 훔쳐 갈 때 비통해 한다. 오늘날 많은 남성이 거의 효과가 없는 헤어트리트먼트를 써 본 뒤에야 자신의 머리를 밀어버린다.

비록 과격한 스킨헤드 이미지가 유럽 축구장에서 잘못된 메시지를 전달하고 있지만, 오늘날 사무실에서 빡빡 깎은 머리는 긍정적인 신호다. 그것은 그 남성이 자신감 있는 새로운 이미지를 만들기 위해 머리가 빠지는 것에 대한 부적응을 거절했다는 의미다. 남성형 대머리에서 빡빡 깎은 머리로 가는 데는 용기가 필요하다. 불가피하게 사무실에서 신고식을 해야 한다.

어떤 남성이 삭발을 하고 처음으로 직장에 출근했다가 퇴근한 날 대머리인단체의 웹사이트에 "네 가지 할 말이 있다."라고 썼다. ① 동료가 참을 수 없다는 듯이 웃고 난 후에 "그 모습이 좋아 보이지 않아서가 아냐. 실제로 좋아 보여. 그렇지만 이 사람아, 다음번에는 미리 알려줘!"라고 말했다. ② 승강기에서 만난 동료는 "세상에, 자네 머리카락이 하나도 없어!"라고 했다. ③ 화장실에서 만난 동료는 "무슨 일이 있었던 거야? 내기에서 졌어?"라고 했다. ④ 복도에서 만난 사장은 "왜 그랬어?"라고 물었다.

머리를 빡빡 민 뒤 신고식 단계를 넘어서고 나면 대부분 남성이 자신, 배우자와 동료들이 새로운 모습을 좋아한다고 이야기하고 있다.

# 03

# 머리모양이
## 말하고 있는 것

**"**나의 머리모양은 무엇을 말하고 있는가?

       길고 곧게 뻗은 금발 머리는 성적 매력과 부를 나타낸다. 영화 《금발이 너무해(Legally Blonde)》(2001)와 같은 할리우드 영화에서 철딱서니 없어서 때로는 얄밉지만 미워할 수 없는 여자 주인공 역에 금발미녀를 캐스팅하는 것도 금발이 갖는 매력 때문일 것이다. 그러나 금발 머리는 너무 화려한 나머지 금발의 백인 여성은 머리가 나쁘다는 선입견이 있다. 반대로 중간 길이의 단정한 머리는 지성과 품성을 암시한다. 엘 우즈의 라이벌로 나오는 비비언 켄싱턴은 짙은 갈색에 어깨선까지 내려오는 차분한 단발머리를 하고 있다. 이 둘의 머리는 곧 서로의 대립하는 성격과 이미지를 암시한다.

    예일대학의 마티앤 라프랑스가 진행했던 프록터앤드갬블 연구에서 머리모양이 첫인상에 중요한 역할을 한다는 것을 밝혀냈다. 여성의 경우에 짧고 흐트러진 머리 스타일은 자신감과 외향적인 성격을 전달하지만, 성적 매력은 낮은 등급에 속한다. 애슐리 쥬드와 샤론 스톤의 헤어스타일리스트 프레더릭 페카이는 "숱이 많든 적든, 짧거나 길거나 오늘날의 앞머리는 정말로 '엉뚱하며 재미있게' 보인다"고 말한다. "더 좋은 것은 신디 크로퍼드의 미용사 스테판 놀이 '앞머리는 이마에 있는 주름을 위장하기 좋은 방법이다.'라고 언급했다는 것이다."

여성들은 이미지에 변신을 시도하기 위해서뿐만 아니라 인생의 기념비적인 날을 축하하기 위해 머리모양에 변화를 꾀한다. 1966년 그랜트 매크라켄이 쓴 《크게 부풀린 머리모양: 변신으로의 여행(Big Hair: A Journey Into the Transformation of Self)》에 따르면 여성은 다양한 머리모양으로 생활 방식과 직업의 변경을 기념한다. 머리모양은 호감을 나타내는 척도가 될 수 있다. 여성들은 자신들이 호감을 느낀 남성들 주위에서 자신의 머리카락을 정리하거나 손가락으로 머리를 빗질한다.


남성의 경우에 왁스로 앞머리를 넘긴 머리모양은 자신감 있고, 섹시하며, 자기도취적으로 보인다. 영화 《타이타닉(Titanic)》(1998)에서 레오나르도 디카프리오가 연기한 잭 도슨의 완벽히 빗어 넘긴 앞머리는 그의 성적 매력과 자신감 넘치는 태도를 더욱 부각한다. 중간 길이로 옆 가르마를 한 머리모양은 당신을 똑똑하며 부자로 보이게 할 수는 있지만 동시에 옹졸해 보인다.

긴 머리는 멋지고 온화한 성격을 암시하지만 똑똑해 보이지는 않는다. 관리하지 않아 헝클어진 머릿결은 부주의해 보이고 심지어는 무식해 보인다. 당신은 멋져 보이기 위해 이 머리 스타일을 선호할 수 있지만, 사업가로서는 부적절한 선택이다.

군인같이 짧은 머리는 눈 위의 **뼈**가 튀어나온 부분, 툭 불거진 코와 큰 턱과 마찬가지로 남자다운 힘의 특성을 나타낸다. 그러나 너무 **빡빡** 깎은 머리는 많은 사회에서 심각한 부정 상태에 있음을 암시한다. 지나치게 짧은 머리는 기강과 순응을 상징한다.

Part. 07

# 옷차림이
# 이미지다

# 01

# 당신의
# 옷장 속

## 복장과 페르소나

사무실에서의 복장은 당신의 페르소나(Persona)를 형성하거나 깨뜨릴 수 있다. 근무시간 후 개인적인 시간에 당신이 '내적 자아'를 드러내 보이는 것과는 대조적으로 "페르소나"는 직장에서 당신의 '외적 자아'를 표현하는 역할이다. 복장은 회사에서 자신의 이미지를 나타내는 것이기 때문에 당신은 의상을 전략적으로 입어야 한다. 영장류인 인간은 지위나 건강을 반영하는 세세한 것에 비판적인 시선을 가지고 있다. 넥타이에 묻은 아주 작은 점, 가장자리가 닳아 해진 옷깃이나 주름진 소매는 모두 당신의 정체성에 대해 좋지 않은 신호로 보여진다. 보기에는 사소한 것일지라도 직장에서 당신을 정의하는 데 중요한 역할을 할 수 있다. 오늘날 직장에서는 당신의 몸치장에 따라 당신의 이미지가 결정된다.

2005년 10월 13일 뉴질랜드에서 옷을 가장 잘 입는 경영인으로 선정된 필립 오닐은 왜 정장과 넥타이를 고수하는지에 관한 질문에 "그렇게 하는 것이 자연스럽다."라고 말했다. 그와 같은 사무실의 많은 사람들이 청바지와 티셔츠를 입지만 오닐은 다림질한 바지와 맞춘 재킷을 입었다. 베스트드레서 심사위원들은 그의 복장이 "젊은 감각과 전통 형식이 조화를 이룬 것"이라고 호평했다.

한 심사위원은 "첫인상의 중요성은 말할 필요조차 없지만 매일, 매주 좋은 인상을 유지할 필요가 있다는 사실은 종종 망각한다."라고 언급했다. 뉴질랜드에서 베스트드레서 상을 받은 오닐은 5개월 뒤인 2006년 3월 7일 보수가 더 나은 직위로 진급해 호주 멜버른에 있는 사무실로 옮겼다. 복장이 내보내는 신호가 자신을 대신해 호의적으로 보이도록 하는 데 도움을 주었다.

오닐이 선호하는 복장 중 하나는 런던에서 구매한 옅은 파란색의 가는 세로줄 무늬가 있는 회색 싱글 단추의 던힐(Dunhill) 정장이다. 회색은 "일을 해 낼 것이다."를 표현하는 진지한 색깔이다. 그리고 옅은 파란색은 "나는 호의를 가지고 있다."를 나타낸다. 1995년 출간한 슬로언 윌슨의 대하소설 《회색 플란넬 양복을 입은 사나이(The Man In The Gray Flannel Suit)》 이후로 회색이 물질만능주의와 대기업이 지배하는 세상을 상징하는 색이 되었지만, 파란색은 전통적으로 품위, 부드러움과 진실을 의미한다. 오닐의 정장은 분명 시사하는 바가 크다.

정장 재킷의 재단에는 비즈니스 세계에 없어서는 안 될 동물적 힘이 내포되어 있다. 포유류의 특징 중 하나가 자신의 몸을 크게 보이려 하는 것처럼 페리 엘리스, 브룩스브라더스와 던힐 정장에는 사무실에서 당신을 크게 보이게 하기 위한 착시 효과를 사용한다. 남성의 풍채와 힘을 과장하기 위해 어깨에 패드를 넣어 상체가 떡 벌어지게 하거나 재킷의 끝단이 상체를 아래로 화대해 보이도록 한다. 또 재킷의 접혀 있는 옷깃은 상체의 힘을 강화하기 위해 위쪽과 바깥쪽으로 퍼져 있다.

크기에 대한 착시 효과가 확실하기 때문에 세계적으로 정장은 남녀 모두에게 사업, 정치와 군사 분야에서 최고로 강력한 복장이다. 패드를 넣은 어깨는 외양을 크게 보이게 할 뿐만 아니라 5장에서 언급했던 것처럼 회의실이나 전장과 같은 곳에서 불확실성을 나타내는 의도하지 않은 어깨 으쓱임을 감추기도 한다. 토가(Toga, BC 200년), 더블릿(Doublet, 1300년대), 쇼트 코트(Short Coat, 1600년대)와 법정 코트(Court Coat, 1700년대)에서 유래된 오늘날의 신사복은 기업에 근무하는 영장류에 딱 맞는 의상으로 진화했다.

여성의 비즈니스 의상은 좀 더 여성적인 진화과정을 거쳤다. 1800년대까지 직장여성들은 레이스, 깃털, 주름 장식, 코르셋, 두툼한 속옷, 두꺼운 패드를 넣은 어깨 그리고 치마 뒷부분을 불룩하게 하려고 입던 버슬(허리받이)과 같은 것을 입었다. 이 모든 것들은 1920년대에 선구적인 프랑스 패션디자이너 코코 샤넬(Coco Chanel, 1883~1971)이 직장여성의 정장을 소개하면서부터 바뀌었다. 당시 유행하던 남성복의 이미지에서 영감을 얻은 샤넬 재킷은 나팔 모양의 옷깃과, 재킷 어깨선이 네모지고 끝단이 조금 올라간 것처럼 보이는 스퀘어숄더(Squared-Shoulders) 모양을 특징으로 했다.

샤넬이 여성 의상에 도입한 스퀘어숄더는 여성의 주체성 확립에 관한 새로운 태도를 유발했다. 남성정장에 이미 도입되어 있던 이 스타일은 개인의 비전을 추구하는 직장여성 시대의 도래를 알리는 사회적 분위기를 반영한 것이다. 남성들의 세계에서 살아남기 위해 여성 의상이 좀 더 남성다워졌지만, 샤넬 덕분에 아직도 우아한 모습을 유지하고 있다.


보스턴 아우레우스 자산관리회사의 카렌 파이어스톤 회장은 《월스트리트저널》에 "나는 CEO로서 격식 있는 차림을 보여줘야 할 책임이 있다."라고 말했다. 2007년 3월 26일, 아우레우스 웹사이트에는 정장 재킷을 걸치지 않고 와이셔츠 차림에 넥타이를 한 파트너 테티우스 데이비스 옆에 앉아 있는 파이어스톤 회장의 사진이 게재되었다.

웹상의 사진을 보면 루치아노 바르베라의 파워슈트를 입고 "내가 보스다."라는 것을 명확하게 나타내고 있는 파이어스톤에 비언어적인 유리함이 주어지고 있다. 데이비스가 셔츠 소매를 걷어 올리고 막 일을 시작하려고 할 때 그녀가 사진을 찍자고 그를 데리러 온 것이었다.

그들의 복장이 말하는 것은 당신이 상상하는 것보다 훨씬 의미심장하다. 당신 복장의 사소한 부분이 회의실에서는 중요한 의미가 있을 수도 있다.

하버드 경영대학원 출신으로 2억 5천만 달러의 투자를 책임지고 있는 파이어스톤은 "교양있고 유행에 밝은 것처럼" 보이기 위해 돌체 앤 가바나, 미쏘니 또는 피아자 셈피오네와 같은 이탈리아 디자인 재킷을 입는다. 목, 어깨, 가슴을 드러낸 데콜타주(Decolletage) 스타일에는 약간 미치지 못하지만, 파이어스톤은 근무 중에 여성스럽게 보이기 위해 목과 빗장뼈를 드러내는 것을 두려워하지 않는다. 취약한 목의 앞쪽을 가리느냐 가리지 않느냐 하는 것만으로도 자기 자신을 표현하는 데 도움이 되거나 방해가 될 수도 있다. 포유류(개와 늑대)나 파충류(앨리게이터와 크로커다일)를 대상으로 한 연구에서 목을 가리는 행위는 자기 자신을 보호하려 하는 방어적 태도라 보고 있다. 인간 또한 목을 드러내 보이거나, 장식하거나, 보이지 않게 감추는 다양한 형태의 복장으로 여러 가지 비언어적 신호를 보여줄 수 있다. 상세한 내용은 뒤에 나오는 "당당할수록 개방된 목"을 참조하라.

인간의 몸에 가죽, 삼베나 비단이 사용되기 이전에 근육, 지방과 뼈로 구성된 날것의 신체가 있었다. 꾸미기 이전에 우리의 먼 조상들은 신체 움직임, 표정과 자세로 느낌과 태도를 표현했다. 의복의 출현으로 신체의 비언어적인 어휘가 증가했다. 패션이라는 기만으로 어깨가 넓어지고, 이두박근이 두꺼워졌으며, 허리가 가늘어졌다. 오늘날의 사무실에서 당신의 몸은 당신이 입고 있는 것으로 표현된다. 당신은 바나나리퍼블릭에서 쇼핑하는가 아니면 아르마니나 노스트롬에서 쇼핑하는가? 직장에서 의사소통하기 위해 당신은 무엇을 입을 것인가?

# 02

# 목은 **가볍게**
# 어깨는 **과감하게**

어깨에서 시작하라

사무실에서 좀 더 강력한 모습을 내보이려면 어깨부터 시작하라. 어깨를 어떻게 내보이느냐에 따라 강함과 약함에 대한 메시지가 달라진다. 둥글거나, 처지거나, 구부정한 어깨는 "약하게" 보이지만 넓은 사각형 어깨는 시각적으로 "강하게" 보인다. 그 메시지는 원숭이, 유인원과 인간에게서 같다. 매일 사무실에 출근하면서 당신의 어깨를 어떻게 보여주느냐는 당신을 만만한 사람 또는 괄시해서는 안 되는 사람으로 보이게 할 수 있다.

필립 오닐의 던힐 정장과 그 재킷에 들어가 있는 힘을 상기해 보자. 힘이 있는 것처럼 보이는 것은 남녀 모두 사무실에서 자신의 존재를 주장할 수 있는 메시지다. 1980년대에 여성의 사무실 복장으로 채택되었던 폭이 넓은 어깨 모양을 기억하는지 모르겠다. 노동인구에 대거 편입한 여성들이 어깨선을 각지게 만들어 어깨가 두드러져 보이는 재킷을 입은 것은 사회인으로 정착하기 위한 그들의 노력과 사회의 일원으로서의 당당한 주체성을 나타낸다. 그러나 큰 어깨 패드를 넣은 재킷은 너무 강하고, 편안하기에는 너무 건장하고, 공룡처럼 보여서 곧 사그라졌다.

그렇지만 직장에서 확대된 상체를 내보이는 원칙은 살아남아 있다. 어깨 부위를 좀 더 넓히는 것은 자신의 주장을 강조하지 않고서도 힘을 가지고 있다는 것을 내보일 수 있다. 여성의 관점에서 이상적인 옷은 부드럽고 편안한 여성적인 스타일과 전통적으로 권위 있어 보이는 복식과 결합하는 것이다. 남성으로서는 깡패처럼 보이지 않으면서도 힘을 암시할 수 있도록 만들어진 어깨를 가진 옷을 입는 것이다.


## 당당할수록 개방된 목

이사회 회의 같은 공식적인 장소에는 참석자들이 자신의 목을 가리고 도착한다. 묶어서 매듭을 만든 넥타이, 실크 스카프, 버튼업 칼라와 초커를 볼 수 있다. 목의 움푹 들어가는 부분, 즉 빗장뼈 사이에 움푹 들어간 부분을 가린다는 점에서 주목할 만하다. 털이 없이 노출된 목 부분은 그 기관들을 보호하는 털이 없이 그대로 노출되어 신체의 가장 취약한 부분의 하나이다. 의사들이 흉골상절흔이라고 부르는 그 부분은 기관절개수술을 할 때 메스를 대는 곳이다.

나도 참여한 바 있는 영국의 《뉴 사이언티스트(New Scientist)》에 실린 글에서는 그것을 다음과 같이 표현하고 있다. "몸짓언어는 우리의 속마음을 부지불식간에 내비친다는 점에서 우리의 마음과 어쩌면 가장 가까운 친구 사이일지도 모른다. 따라서 몸짓언어로 면접을 잘 보거나 상사가 원하는 것을 알아차릴 방법을 기술한 책이 양산됐다. 흉골상절흔을 살펴보자. 목의 파인 부분을 내보인다는 건 모든 포유류에서 항복과 친밀하고 밀접한 태도를 의미한다. 인간의 경우에는 구애의 신호가 될 수 있다. 잠재적인 배우자가 있는 데서 넥타이를 느슨하게 매는 남성은 무의식적으로 자신의 성적 끌림을 표현한 것일지도 모른다."

서로 마주 보거나 말을 할 때 보이는 가느다란 목은 다양한 문화적 패션을 만들어 왔다. 치장하거나, 드러내거나, 감추는 목은 우리의 방어적 혹은 개방적 심리상태를 대변해 준다. 한편 목에 두르는 장식이나 의복은 경기순환과도 관계가 있다. 경기가 좋을 때는 드러내 보이는 반면 경기가 나쁠 때는 보호를 하기 위해 가리거나 숨겨 버린다.

노출된 목 부분은
개방성을 암시한다.

인류학자들은 옷을 안 입는 사람까지도 전투 중에는 자신의 목을 가린다는 것을 배웠다. 예를 들어 맨 어깨와 팔에 걸친 붉은 튜닉으로 이루어진 아프리카 마사이 전사의 복장에도 목을 가리기 위해 구슬로 장식한 목걸이를 착용한다. 그들에게 드넓은 평원은 야생동물과 인간이 생존을 다투는 커다란 경기장이다. 치열한 생존 투쟁에서 자신의 목을 보호하기 위해 노력하는 마사이 전사들처럼 직장에서는 실크 넥타이나 스카프가 비슷한 역할을 한다.

수잔 빅슬러는 자신의 저서 《전문가다운 이미지(The Professional Image)》에서 "가장 흔한 비즈니스 스카프는 앞쪽으로 매는 나비넥타이다. 그것은 부드러움과 여자다움을 더해 주며 거의 누구나 돋보이게 한다. 나비넥타이는 매기가 쉽고 정장과 아주 잘 어울린다. 스카프는 블라우스 뒤쪽에 고정해서 제자리에 머물러 있어야 한다." 하지만 패션전문가 베로니카 비엔은 "스카프는 항상 급히 매야 한다. 완벽한 대칭은 촌스럽게 만든다."고 더했다.

넥타이를 하면 당신이 "똑바르게" 서 있고 "크게" 보인다.

넥타이의 기원은 로마군 병사들이 착용했던 목에 감는 장식용 끈이었을지도 모른다. 프랑스 혁명 때 목에 감는 장식용 끈은 정치적인 입장을 의미하는 것으로 변모했다. 하얀색은 보수적이거나 "전통적"이고 검은색은 "혁명적"인 것을 나타냈다. 17세기 오스트리아의 크라바트 연대 장병이 착용했던 것에서 유래하여 19세기까지 존속했던 크라바트(Cravate)는 오늘날 넥타이에 지대한 영향을 끼쳤다. 미국의 문예 평론가 일레인 쇼월터에 따르면 여성의 경우에는 1890년대에 검정 넥타이가 "신여성"의 남녀 평등주의를 나타내는 유니폼이 되었다.

남성이든 여성이든 인간의 목 그 자체는 가늘고 취약함을 연상시킨다. 그래서 남성이 버튼 업 칼라나 넥타이로 자신의 목을 "넓게" 만들지도 모른다. 수잔 빅슬러는 표준적인 포인핸드 노트(Four-in-Hand Knot)가 가장 좋은 매듭이라고 조언한다.

당신이 별나 보이거나 눈에 띄게 관행을 따르지 않는 사람이 되고 싶다면 나비넥타이를 하라. 나비넥타이는 근엄하거나 강한 이미지를 줄 순 없지만, 당신을 개성 있는 사람으로 보이게 한다. 이와는 반대로 표준적인 넥타이는 당신의 상체를 '곧고' 길게 보이게 해 준다. 더구나 와이셔츠의 좌우 칼라의 뾰족한 끝이 시각적으로 위쪽을 향하고 있어서 시선을 얼굴로 유도하는 "화살" 모양을 병렬로 놓는 것이 된다.

《뉴욕타임스》의 존 티어니와 인터뷰를 하면서 넥타이와 비즈니스 세계에서 드러낸 목이 의미하는 바에 대해 상세하게 이야기한 적이 있다. 나는 우리가 정보경제 시대로 나아갈수록 목을 가릴 필요성을 느끼지 못할 것이라고 예견했다. 직원이 상사보다 회사의 소프트웨어를 더 많이 알고 있다면 상사의 권위는 줄어든다. 후에 존은 자신의 칼럼에 다음과 같이 썼다. "인류학자 데이비드 기번스는 '비즈니스 정장에서 노출된 목은 진정한 패러다임 변화를 나타낸다.'고 말했다. '바로 수년 전만 해도 당신은 회사에서 강하게 보여야 했다. 그러나 이제 힘에만 의존하는 정치와 기업에서 정보가 고위층을 누르고 이겼다. 정보를 많이 가진 젊은 직원들이 힘을 가지고 평상복을 계속 요구해 왔다. 최초로 사라진 것은 경영학석사 스카프와 넥타이였다. 정보의 메카에서는 이제 베일을 쓸 필요가 없다. 그것은 힘을 가진 신호로서 불필요한 것이다.'"

# 03

# 정장이
# 사람을 만들까?

**캐주얼 권위**

사무실에서 일할 때 옷을 입는 방법에 있어서 트레보로 코프먼은 회사의 인습타파주의자였다. '인습타파'는 전통적인 사고나 관습을 뒤집어엎는 것이다. 미국과 영국 런던에 사무실을 둔 디지털 브랜딩 에이전시인 스키매틱의 최고경영자 코프먼은 정장을 입는 전통적인 관습을 벗어던졌다. 2008년 8월 7일, 38세인 코프먼은 "정장은 돈을 달라고 부탁할 때나 입는 것이 되어 버렸다."라고 말했다.

《월스트리트저널》 패션작가 크리스티나 빙클리에 따르면 오늘날 회사에서 비즈니스 정장을 입는 것은 융통성 없는 사람으로 보일 수 있다. 특히 창의적인 첨단기술, 스포츠 또는 연예 분야에서 격식을 차린 정장은 오히려 부담될 수 있다.

회사에서 코프먼은 'CEO 캐주얼'로 알려진 복장을 즐겨 입는다. 예를 들어 청바지와 갈색 프라다 로퍼즈에 오픈칼라 셔츠를 입고, 오데마피게 손목시계를 차고, 소매를 걷어 올린 채 일을 한다. 캐주얼한 복장이 최고경영자로서의 그의 권위를 훼손하지는 않는가? 정답은 그렇지 않다는 것이다.

코프먼은 자신의 짙은 파란색 리바이스 511 청바지를 반드시 전문적으로 다리게 하며, 그의 맞춤 셔츠도 거의 주름이 없게 다리도록 한다. 또한 자신의 비싼 신발은 매우 윤이 나게 닦도록 한다. 그에게서 셔츠 옷깃이 위로 기울거나 구부려져서 정렬을 벗어나는 것을 볼 수 없다. 목 부분의 옷깃 자체가 열려 있어 취약성을 보이는 것은 코프먼의 근육질 손목이 내보이는 힘으로 균형이 잡힌다. 이러한 섬세함이 사무실에서의 캐주얼 권위를 암시한다. 이러한 것들이 "나는 정장을 입을 필요가 없어."라고 말하는 섬세함인 것이다.


사무실에서 입는 것에 따라 당신의 이미지가 결정된다는 전제는 과장이 아니다. 의상이나 장식의 사소해 보이는 섬세함도 직장에서 당신이 어떻게 인식되는지 중요한 결과를 가져온다. 다음 장에서는 신발이 나타내는 무언의 규칙을 탐구한다. 개성에 관한 중요한 매개체인 신발은 신체에서 낮은 위치에 자리하고 있다. 하지만 그것은 회사에서의 당신의 신분, 힘과 지위를 외치며 말하고 있다.

Part. 08

# 신발의
# 비언어적 메시지

# 01

# 그녀는 왜
# 전문가처럼 보이지 않는가?

**⁙** 신발이 전하는 메시지

잡지, 신문과 웹사이트는 취업면접에서 성공하기 위한 방법과 조언으로 넘쳐난다. 취업면접에 관한 많은 조언은 사실상 비언어적이다. 예를 들면 시선을 마주치며 미소 짓고 악수를 하라고 권한다. 발의 중요성도 강조되기는 하지만 신발과 관련한 조언이 다른 예시에 비해 많지는 않다. 신발은 우리 몸의 낮은 위치에 있지만, 상대방은 단번에 신발이 나타내는 비언어적 메시지를 알아본다.

남성들은 "되도록 끈으로 묶는 검은색 가죽 비즈니스 신발을 광을 내서 신어라. 뒤축이 닳은 신발을 신지 마라. 텍사스라 할지라도 카우보이 부츠를 신지 마라. 나이키, 케즈나 크록스와 같은 운동화 종류를 신지 마라. 어울리는 짙은 색깔의 양말을 신되 절대로 흰색은 피해라."라고 충고를 받는다.

취업면접에서 발보다는 신발이 얼마나 문제가 되는지는 인상적이다. 여성들도 "너무 높거나 투박한 힐을 신지 마라. 샌들 또는 엄지발가락과 둘째 발가락 사이에 끈을 끼워서 신는 플립플롭(Flip flop)을 신지 마라. 굽이 없는 구두를 신지 마라. 빨간색, 노란색, 파란색과 같이 지나치게 화려한 색상의 신발을 신지 마라. 너무 고분고분한 분홍색 신발을 신지 마라. 스타킹을 신어라. 무엇보다도 당신의 발가락을 보이지 마라."라는 충고를 듣는다.

어느 불평가가 미국의 미디어 기업인 《AOL》에 "나는 맨다리에 발가락 부분이 트인 신발을 신고 뉴스를 전하는 걸 보고 싶지 않다."라며 썼다. "케이티 쿠릭은 왜 전문가처럼 보일 수 없는가?"

케이티가 〈CBS 이브닝뉴스(CBS Evening News)〉에서 일을 시작할 때 그녀는 발가락이 보이는 신발을 종종 착용했다. 드러난 발가락들은 세계적인 사건의 중대성과 충돌하는 성적인 메시지를 전달한다. 직장에서 신발은 어느 정도의 점잖음이 필요하다. 발가락이 보이지 않는 격식 있는 신발을 신는 것은 "저를 진지하게 생각해 주세요. 농담으로 하는 말이 아닙니다."라는 비언어적 메시지를 나타낸다.

신발의 뒤축과 밑창도 메시지를 전달한다. 남녀 모두 비즈니스 신발에 대한 최종적인 선택은 '발가락으로 서게 하는 불안정한 신발'과 '발을 바닥에 확고히 고정하는 신발' 사이에 있다. 하이힐은 시각적으로 여성의 발이 불안정하다는 것을 암시한다. 그녀의 몸이 땅보다 위로 떠 올라서 지구의 중력에 저항하는 것처럼 보인다. 반대로 남성의 옥스퍼드는 그를 고정하며 발을 대지에 견고하게 묶는다. 가장 좋은 비즈니스 신발은 당신이 지구에 머물러 있지만, 완전히 경직되어 있지 않다는 것을 보여주기 위해 하이힐과 브로그(Brogue) 사이에서 절충하는 것이다.

여성에게 적합한 고급 비즈니스 신발은 브루노말린의 "졸린(Jolyn)"이다. 졸린은 끝이 뾰족하고 2.5인치 힐을 가진 포인티 토우 펌프(Pointy Toe Pump)의 매끈한 모습을 자랑한다. 어떤 여성은 "완벽하게 딱 맞는 졸린은 엄청 편안하다고 많은 찬사를 받고 있다."라고 자신의 SNS에 썼다. 다른 펌프와 마찬가지로 졸린은 발을 가늘게 보이게 하고, 발등을 드러내며, 여성스러운 발목을 내보인다. 이 구두에도 성적인 매력이 내재해 있지만, 케이티가 신었던 발가락이 보이는 모습만큼 노골적이지는 않다.

펌프의 날씬함은 원래 폴란드에서 들어와 15세기 남성들 사이에서 유행했던 풀렌(Poulaine)이라고 불리는 좁은 신발에서 발달했다. 풀렌의 앞쪽 끝이 과장되게 가늘고 길어 걸을 때마다 너무나 도발적으로 보였기 때문에 1468년 교황은 "신을 조롱하는 것"이라며 풀렌을 비난했다. 오늘날 풀렌은 자취를 감추었지만, 신발의 앞부리가 뾰족하게 가늘어지는 모습은 브루노말리(Bruno Magli)의 펌프로 계속 남아 있다. 그것은 여전히 유혹적인 메시지를 우리에게 보내고 있다.

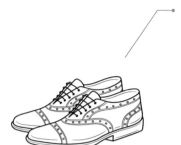

브로그(Brogue)
끈으로 묶는 구두의 가죽에
구멍 뚫린 장식, 날개 무늬 사선 장식이나
박음 장식 등 여러 가지 장식으로 만든
중후한 옥스퍼드 스타일의 신발

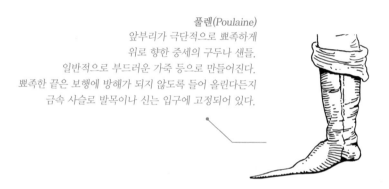

풀렌(Poulaine)
앞부리가 극단적으로 뾰족하게
위로 향한 중세의 구두나 샌들.
일반적으로 부드러운 가죽 등으로 만들어진다.
뾰족한 끝은 보행에 방해가 되지 않도록 들어 올린다든지
금속 사슬로 발목이나 신는 입구에 고정되어 있다.

비즈니스 세계에서 남성의 전투화로 적절한 신발은 발가락 쪽이 뭉툭한 정장용 옥스퍼드 신발인 바나나리퍼블릭(Banana Republic)의 "포시타노(Positano)"가 있다. 포시타노는 두꺼운 밑창과 단단한 뒤축으로 누구든지 걸리적거리면 밟아 뭉개버릴 듯 위협한다. 포시타노는 두꺼운 고무 재질의 밑창을 댄 신사용 구두인 1950년대의 비틀 크러셔(Beetle Crusher), 크레이프 고무창을 댄 1960년대의 사막 부츠(Desert Boots)와 1990년대의 공격적인 닥터 마틴즈(Dr. Martens)와 같은 지배적인 신발 스타일의 하나다. 비록 회의 테이블 밑에 있어서 볼

수는 없지만, 신발은 당신이 사무실에 들어올 때 사람들이 알아차리는 첫 번째 것이고 당신이 떠날 때 그들이 보는 마지막 것이다.

지배적인 비즈니스 신발은 넓고, 두꺼우며, 무겁고, 튼튼하다. 이러한 특징은 발의 크기를 넓게 보이게 해 줄 뿐만 아니라 땅 위에 견고히 서 있는 모습을 강조해 준다. 역사적 맥락에서 볼 때 가장 오래된 신발은 고대 이집트에서 온 샌들인데, 발바닥에 적들의 그림이 그려져 있다. 2003년 4월 3일 중동에서 이라크 독재자 사담 후세인의 동상을 무너뜨리며 짓밟은 남성들을 기억할지 모르겠다. 발뒤꿈치로 때리는 행위는 링에서 하는 의식적인 쿵쿵거림과 같이 이 땅 위에 견고히 서 있는 힘과 안정감을 상징한다. 여기에서는 독재에 대한 울분을 해소하는 행위로 작용하였다.

02
—

# 비즈니스우먼의
## 전투화

;
Kill Me Heel Me!

불황엔 미니스커트가 유행한다는 말이 있듯이 경제가 불황이면 신발의 힐 높이는 높아진다. 인류학자 앨프리드 크로버는 치마 길이에 관한 자신의 오랜 연구 결과, 주가가 오르면 치맛단이 내려온다는 것을 발견했다. 마찬가지로 2008년에 수익이 곤두박질치고 세계적인 불황이 곧 닥칠 것처럼 보였을 때는 힐 높이가 올라갔다. 치맛단이 올라가는 것과 힐이 높아지는 것은 모두 경기순환에 따른 불안한 감정을 반영한다.

2008년 10월 10일, 미국 주식시장에서 최악으로 기록된 한 주가 끝이 났다. 같은 해 디자이너 마놀로 블라닉은 자신의 여성용 신발 종류에 6인치 힐을 추가했다. 약 15㎝가 넘는 기록적인 힐 높이에도 불구

8    169

하고 이 신상품은 그해 블라닉 신발 매출의 30%를 차지했다. 이브 생로랑(Yves Saint Laurent), 마르니(Marni)와 크리스찬루부탱(Christian Louboutin)을 포함한 다른 디자이너들도 자신들의 가을 신상품 종류에 초대형 힐과 통굽을 추가했다.

2008년 가을에는 전반적으로 힐 높이가 3, 4인치이던 2007년 이전보다 현저하게 높아진 경향을 보였다. 당연히 발 전문의들은 하이힐로 인해 발과 발목에 대한 부상이 증가한 것에 주목했다. 로스앤젤레스 발 전문의 죠슈아 카예는 "당신이 죽마를 신고 걷는 것과 같다."라고 말했다. 체중이 뼈로 지지가 되는 대신 연약한 연조직과 인대로 옮겨가고 그 결과 많은 여성이 고통을 호소했다. 그러나 고통과 넘어질 위험성에도 불구하고 비즈니스우먼들은 일과 관련된 중요한 회의에 아주 높은 하이힐을 계속 신고 다녔다. 뉴욕에 있는 이벤트 관리 회사의 사장인 33세의 클라우디아 첸은 "내 키가 커 보이고, 다리가 길어 보이며, 좀 더 날씬해 보인다."라고 말했다. 첸은 자신의 등에 문제가 있다고 힐을 탓하면서도 4, 5인치 힐을 신는다. 첸은 "아름다움을 위해서는 지급해야 할 대가가 있다."라고 말한다. 하이힐은 장래에도 오랫동안 사무실에서 볼 것이다.

## 소리 지르는 신발

사무실에서 여성에게 '짓밟는 신발'로 인기 있는 것은 겉모습보다는 음향효과가 큰 펌프다. 펌프의 똑똑 끊어지며 쿵쾅거리는 소리는 카펫이 깔리지 않은 복도 전체에서 들을 수 있다. 그 메시지는 "내가 여기 있다!"를 크고 분명하게 말하는 것이다. 웹사이트에 익명으로 올린 글이 있다. "의도적으로 시끄러운 힐을 신는 사람들은 '나를 봐!', '날 주목해!', '새끼 고양이는 좀 더 많은 관심을 원해!'라고 말하고 있다고 생각한다. 난 그것을 참을 수 없다!" 또각또각 소리를 내는 그녀들의 펌프는 자신의 존재를 더욱 뽐내며, 무시당하는 것을 거부하고, 안 된다는 대답에 거절하는 '소리를 지르는 신발'인 것이다.


## 하이힐 부정의 5단계

저널리스트 앙드레 엘리온 브룩스는 《뉴욕타임스》에서 칼럼니스트와 보도 기자로 18년 동안 근무했다. 2008년 늦은 가을 브룩스는 자신의 모든 신발을 버렸다. 그녀는 "대부분 부러지기 쉬운 힐을 가진 우아한 펌프였다. 어떤 것은 모조 다이아몬드로 장식되어 있었고 일부는 에나멜가죽이었다. 그렇지만 버려야만 했다."라고 썼다.

비싼 신발들을 포기하고 좀 더 편안한 "예전의 여성용 신발"로 교체하는 과정에서 브룩스는 사무실에서 신는 신발에 자신이 얼마나 감정

적인 애착을 느끼고 있었는지 알았다. 브룩스는 자신이 다음과 같은
고전적인 다섯 단계의 감정 변화를 겪고 있는 것을 발견했다.

1. **부정**    – 죽는 한이 있더라도 하이힐을 신을 거야!
2. **분노**    – 낸시는 어떻게 아직도 플랫폼 슈즈를 신을 수 있어?
3. **협상**    – 가끔은 새로 나온 하이힐을 신어도 되지 않을까?
4. **우울함**  – 나는 미키마우스 같아.
5. **수용**    – 나는 너무 편안해. 구름 위를 걷는 것 같아.

브룩스는 나이가 들면서 발의 천연 완충재는 얇아지고, 힘줄과 인
대도 약해지며, 발바닥의 오목한 부분(장심)이 평편해진다고 언급했
다. 나이가 들면서 서 있거나 걷는 도중에 생기는 고통은 우리에게 비
록 덜 우아하더라도 좀 더 편안한 신발을 신도록 유도한다. 사무실에
서 관능적인 것에서 실용적인 것으로의 변화는 눈에 띈다. 이러한 변
화는 당신의 이미지도 바꿔줄 수 있다. 가늘고 위태로운 힐을 포기하
고 넓고 평편한 신발을 신는 것은 동료들에게 "나는 안정적인 상태
야."라는 메시지를 보낸다.

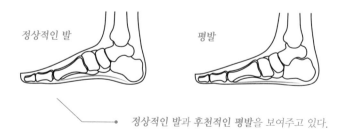

정상적인 발               평발

정상적인 발과 후천적인 평발을 보여주고 있다.

브룩스가 자신의 현실적인 상황을 받아들였다는 것은 슬픈 일이다. 평편한 신발은 섹시하지 않을 수 있지만, 회사에서는 업무에 집중할 수 있는 가볍고 일상적인 신발을 신은 당신을 긍정적으로 평가할 것이다. 그녀는 예일대학의 협동 연구위원으로 일하면서 전 세계의 여성들에게 선출직 선거에서 승리하는 데 필요한 기술을 훈련시키기 위한 여성 운동학교를 설립했다. 이제 그녀는 실용적인 신발을 신고 일을 하지만, 아직도 가끔은 세련된 검은색 에나멜 이브닝 샌들을 사러 신발가게를 찾는다. 그러나 그녀는 오래도록 걷거나 설 필요가 없는 작은 규모의 만찬 모임에서만 신는다.

# 당신을 말하는
# 신발

**"**  비즈니스 세계에서의 신발

　　신발과 기업 이미지 간의 연결이 너무나도 견고해서 "남의 신발을 채우다."라는 숙어는 《미국문화유산사전》에 "다른 사람의 지위나 직무를 맡는다."라고 정의되어 있다. 빌 게이츠한테서 마이크로 소프트사의 단독 최고경영자 지위를 인계받기 딱 2년 전인 2006년에 스티브 발머는 "빌 게이츠와 나는 마이크로 소프트의 혁신을 한순간도 주저함이 없이 추진할 수 있는 우수한 팀을 가지고 있다고 확신한다."라고 말했다. 앞으로 나아가고, 그의 지위를 대신하고, 한순간의 주저함도 없다는 것은 목표를 향해 자신 있게 걷는 것처럼 활동적인 움직임과 두 발로 걷는 리듬을 내비친다. 발머가 최고경영자가 되기 직전에 저널리스트들은 빌 게이츠 신발의 "큰 치수"를 비유적으로 언급했다. 어떤 사람은 "스티브 발머는 채워야(대신해야) 할 아주 큰 신발(직무)을 가지고 있다."라고 경고했다.

스티브 발머는 그의 비즈니스 신발 쇼핑을 위해 신발계의 거장 댄 노드스트롬과 인터뷰한 적이 있다. 그 덕분에 우리는 그가 선호하는 비즈니스 신발의 특징을 어느 정도 알게 되었다. 1999년 인터뷰를 할 당시 노드스트롬은 약 2천만 켤레의 목록을 가진 노드스트롬 닷컴이라는 세계에서 가장 큰 신발 기업의 회장 겸 최고경영자였다. 스티브는 자신이 신고 있는 신발을 바로 얼마 전에 노드스트롬 백화점에서 샀다고 말하면서 그에게 그 회사의 인터넷상 가상쇼핑에 대한 설명을 부탁했다. 댄은 2천만 켤레의 신발에서 고르기에는 너무나 많으니 단 아홉 개로 선택범위를 줄일 수 있도록 스티브에게 몇 가지 질문을 했다.

1.  "당신은 지금 남자다워지고 싶은가, 여자답고 싶은가, 둘 다인가, 아니면 둘 다 아닌가?"                                                         **답 : 남성**

2.  "MTV 비디오 스타인 퀸과 차를 마시거나, 1마일을 4분 이내에 주파하는 달리기 경기에 출전하거나, 세상의 왕이 되거나, 일광욕에 공들이는 것 중 제일 하고 싶은 것은 무엇인가?"                                   **답: 세상의 왕이 되는 것**

3.  "〈사우스 파크(South Park: Bigger Longer&Uncut)〉라는 영화의 케니와 비밀요원 제임스 본드 중 누구랑 점심을 같이하고 싶은가?                    **답: 본드**

"이제 우리는 당신에 대해 좀 더 잘 알게 되었다."라고 댄이 말했다. "우리는 2천만 개의 신발 카테고리 중에서 월스트리트 비즈니스맨인 당신에게 추천할만한 단 하나의 상품 세트를 찾아냈다. 이 세트에는 아홉 가지의 비즈니스 신발 상품이 있다."라고 설명했다.

스티브 발머의 사진을 보면 앞에서 설명한 바나나리퍼블릭의 포시타노와 유사한 짙은 갈색의 뭉툭한 코를 가진 옥스퍼드를 신고 있는 것을 볼 수 있다. 1980년 마이크로 소프트사에서 일을 처음 시작할 때 그가 마시멜로색의 스니커즈를 신었다면 최종적으로 최고경영자의 지위까지 올라갈 가능성이 희박했을지도 모른다. 우선 빌 게이츠가 그를 회사의 영업지배인으로 고용하지 않았을지도 모른다. 댄 노드스트롬이 온라인에서 제공하고 있는 2천만 켤레의 신발은 각각 하고 싶은 이야기를 하고 있다. 하지만 구할 수 있다 하더라도 마시멜로색의 스니커즈는 피해야 할 것이다.


## 나를 이야기해주는 신발

캘리포니아주의 마리나 델 레이 출신으로 자칭 "신발전문가"이며 자신을 밑창 박사라고 부르는 도나 소지오는 "트리클다운 효과(Trickle-Down Theory)"라고 부르는 이론의 창시자다. '트리클다운 효과'는 '낙수 효과'라고도 부르며, 반대 개념인 '트리클업 효과(Trickle-Up Theory)'는 '분수 효과'라고 한다. 《악어가죽 로퍼즈를 신은 남자를 절대 믿지 마라(Never Trust a Man in Alligator Loafers)》의 저자인 소지오는 엘에이닷컴의 멜리사 핵셔에게 "남성과 자기 자신의 물건에 대한 관계를 보면, 다른 사람 간의 관계에 어떤 태도를 보일지 엿볼 수 있다. 가령 그가 자신의 신발을 대하는 방법은 그가 당신을 어떻게 대할지에 대한 암시다."라고 그녀가 설명했다.

예를 들어 너무 큰 농구화를 신는 사람은 홀로인 것을 불안해하며 새로운 관계를 맺는 데 있어서 방어적인 태도를 고수한다. 도나는 멜리사에게 "농구는 단체운동이다. 그는 아마도 그 단체에 속해 있을 때 좀 더 편안할 것이다. 큰 신발은 보호의 신호다."라고 말했다. 그의 신발은 자신이 직장에서 새로운 파트너나 동료와 유대를 형성하는 것보다 자신의 오래된 친구들과 함께 머무는 것을 좋아한다는 것을 말한다.

멜리사는 "오, 도나, 너무 그렇게 겉모습에 집착하지 마. 그냥 신발일 뿐이잖아?"라 생각하곤 했다고 말했다. "그러나 새로 만났던 사람 중 나와 맞지 않았던 사람들이 비슷한 유형의 신발을 신은 상황이 3개월 뒤, 6개월 뒤, 9개월 뒤에도 줄곧 나타났다. 나는 이제 어떤 사람의 신발을 보면 그 사람이 나와 잘 맞을 수 있는지 아닌지 지레짐작할 수 있게 되었다."

직장에서 신는 신발만큼 자신의 정체성을 두드러지게 나타내는 경우는 없다. 신발은 당신의 개성을 보여주는 가장 적나라한 거울이다. 다른 모든 사무실의 비언어적 신호 중에서 가장 많은 것을 이야기해줄지도 모른다. 다음 장에서 우리는 발과 발가락, 손, 눈, 어깨, 얼굴, 입술, 복장과 머리모양 등 우리의 신체를 벗어나 회사라는 공간을 살펴볼 것이다. 우리는 하루에 여덟 시간씩 일 년 열두 달 동안 사무실에서 지낸다. 업무공간은 당신이 하는 일에 어떠한 영향을 미치는가?

# Part. 09

# 사무
# 공간

# 01

# 내 공간이
# **나를 말한다**

**;** 나만의 사무 공간

　　우주는 광활하며, 개방되어 있고, 곡선이라면 사무실 공간은
종종 비좁으며, 경계가 있고, 거의 항상 직선이다. 우리가 일하는 사
무실 대부분은 매우 비싼 값을 치른 땅 위에 세워진 건물 안에 있으므
로 공간의 활용도를 최대한 살린 설계 방식에 따라 사무 공간을 나눈
다. 그것은 마치 수백만 개의 상자로 깍둑썰기를 한 모양새와 같다.
우리는 그 안에서 동료들과 협력하고 다투고 경쟁한다. 기업에서는
더 좋은 위치에 더 효율적인 방법으로 사무실을 내기 위해 많은 노력
을 기울인다.

　　상담사가 되기 전에 나는 수년 동안 일반 직장의 사무실에서 근무
했다. 나는 사업계가 아닌 인류학 분야에서 훈련을 받았기 때문에 사
무실 공간을 실험적인 시각에서 보았다. 나는 사장이나 관리자가 아

닌 추장과 촌장으로, 볼링 트로피나 회사의 규칙 대신에 토템(신성시되는 상징물)과 금기사항으로 보았다. 주간회의는 의식과 같은 일이었고 회사 야유회는 시끄러운 현대음악과 춤의 파티를 즐기는 코로보리(신성한 의식, 축제)였다. 사무실은 회사의 영토였다. 사무실에서 우리의 이동은 제약이 있으며 미묘하게 암시적일 뿐만 아니라 분명한 한계이기도 한 문화적인 규칙과 생물학적 경계가 모든 곳에 있었다.

내 첫 번째 사무실은 워싱턴 D.C의 뒤퐁 서클 바로 북쪽에 있는 적갈색 사암으로 지은 4층짜리 건물이었다. 내가 근무하던 1층 사무실은 둘러싼 듯 굽은 출창(벽면보다 밖으로 튀어나오게 만든 창문)과 느릅나무 가로수가 늘어선 뉴햄프셔가(街) 전체가 보이는 전망을 보유하고 있었다. 나는 느릅나무가 내다보이는 창을 통해 사람들이 대사관들이 늘어선 인도를 오가는 것을 바라보곤 했다.

내가 관리자로서 일을 시작한 지 몇 개월 후 우리 회사는 나와 협력할 동료로 제인이라는 새로운 관리자를 채용했다. 그녀에게 남은 자리는 창문이 없는 자리였기 때문에 그녀는 내 사무공간에 눈독 들였다. 제인은 곧장 사장을 상대로 로비를 시도했다. "데이비드가 문가와 가까운 자리에 앉게 된다면 그는 자신의 부하직원들과 더 원활하게 소통할 수 있을 거예요."

사회 초년생이었던 나는 사업에서 거의 모든 것이 협상 가능하다는 것을 모르고 있었다. 나는 쉽고 간단하게 내 사무실 공간에 관한 협상에서 배제될 수 있다는 것을 깨닫지 못했다. 반면 제인은 수년 동안 워싱턴 관료사회에서 일하며 외교적인 요령을 터득한 베테랑이었다. 그러나 본능적으로 내 공간이 침범당할 위기에 처했다는 사실을 감지한 나는 내 자리를 채울만한 사무용 가구를 주문했다.

나는 책상 왼쪽에 새로운 컴퓨터 테이블을 설치했다. 설치한 컴퓨터 테이블은 그 자리 외에는 갖다 둘만 한 공간이 마땅치 않았기 때문에 사장은 내가 기존의 자리에 그대로 머무는 것에 동의했다. 공간을 채울만한 눈에 띄는 '물질적 소유물'이 그 자리를 차지하고 있지 않더라면 내 공간은 그녀의 차지가 되었을 것이다. 사장이 고민하는 사이 나의 처신이 효과를 보였다는 것에 안도했다. 그때 나는 실재하는 소유의 표시가 의견을 표명하기에 완벽한 신호라는 걸 깨달았다.

나중에 제인과 친구가 되었을 때 그녀는 나의 멋진 뉴햄프셔가 전망을 입버릇처럼 이야기했다. 그때마다 나는 미소를 머금고 고개를 끄덕여 주었다. 사무실 공간에서 더 큰 세상을 들여다볼 기회를 얻었다는 것은 진정한 선물이었다.


## 2평짜리 소식지

사무실의 모든 공간은 신호를 보낸다. 평균 11평 규모의 최고경영자 사무실은 칸막이로 된 2평 사무실보다 다섯 배나 넓다. 두꺼운 벽이 영속성을 연상시킨다면 이동이 가능한 칸막이는 "임시적"이라는 것을 암시한다. 공간이 넓을수록 지위도 높다는 지배적인 메시지는 우리가 일하는 내내 방송된다. 근무일마다 당신은 큰 사무 공간에서 일하는 사람이 작은 공간에서 일하는 사람보다 중요하다는 사실을 가차 없이 알려주는 메시지를 귀에 못이 박히도록 들을 것이다.

그렇지만 크기가 누구에게나 문제 되는 것은 아니다. 20살인 안드레아는 "나는 칸막이로 된 내 공간을 좋아해요."라며 자신의 개인 블로그에 썼다. 그녀는 크기가 다름에 신경 쓰지 않고 자신의 칸막이 공간 안에서 행복함을 느꼈다. "내 인생에서 완전히 내 것인 공간이 몇 개 없었다. 모든 것이 여기에 있고 여기에 머물러 있다. 나는 계속해서 예쁘고 정리된 것처럼 보이게 꾸며서 '와, 네 업무공간은 완벽해.'와 같은 말을 할 정도다. 당신은 내가 과장하는 것으로 생각할지 모르겠지만 그렇지 않다. 그곳은 좋은 공간이다."

안드레아는 사무실 공간에 대한 논점을 명확히 하고 있다. 당신이 칸막이 공간을 좋아하든 싫어하든 2평짜리 공간을 어떻게 꾸미는가는 당신이 누구인지, 무엇을 좋아하는지, 어디에 있고 싶어 하는지 분명한 메시지를 전한다. 당신에 관한 비언어적 소식지인 셈이다.


마찬가지로 장식용이 아닌 물건도 나타내는 바가 있을 수 있다. 동료의 책꽂이에 있는 작은 분홍색 펩토비스몰(설사 및 설사에 기인한 복통의 완화약)병을 보았는지 모르겠다. 비록 그가 직무가 주는 압박을 말하지 않더라도 손이 쉽게 닿을 수 있는 곳에 소화제가 존재한다는 것은 만성적 스트레스에 대한 표시일 수도 있다. 캘리포니아주 산호세 시스코시스템즈의 빌딩 J에 입주해 있는 맥호터 같은 사무용품 가게에 펩토비스몰이 비치된 것만 봐도 사무실에서 직무가 주는 스트레스를 가늠해 볼 수 있다.

장신경계는 장 부위에 있는 방대한 신경세포와 회로의 집합인데 너무나도 복잡해서 "제2의 뇌"라고 불린다. 많은 면에서 뇌와 독립적으로 움직이는 장신경계는 스스로 마음을 가지고서 속이 메스꺼운 느낌, 구토와 복통 같은 본능적인 반응으로 직무 스트레스를 표현한다. 이 세 가지 증상은 사람들이 익살맞게 '펩토비스몰 놀이터'라고 부르는 일반적인 칸막이 사무실에서 나타나고 있다. 1901년 유아기 콜레라 치료를 위해 개발된 펩토비스몰이 오늘날 직장인들의 필수품이 된 것은 스트레스가 가득한 직장에 대한 시대상의 일면을 보여준다.


## ; 니콜의 포스트잇 무덤

내가 근무하던 워싱턴 D.C에 있는 빌딩의 접수담당자 니콜은 책상 밑에 노란 스티커 메모를 붙이는 버릇이 있었다. 그녀의 책상은 깔끔한데 그 아래는 엉망진창이었다. 대부분은 휘갈겨 쓴 글씨가 쓰여 있었고 어떤 것은 비어 있는 정사각형의 포스트잇 메모지가 곳곳에 붙어 있었다. 그녀는 분명히 좋은 사람이었지만 그녀의 책상 아래 너무 많이 붙어 있는 포스트잇은 사람들에게 좋은 신호를 주지 못했다.

사무실에 근무하는 모든 사람이 "저 포스트잇은 다 뭐야?"라고 언급했다. 일부는 뒤에서 그녀를 수집광이라고 험담했다. 무질서하게 많이 붙인 포스트잇이 그녀의 실제 성과를 평가절하시키고 그녀가 완벽하지 않은 것처럼 보이게 했다. 제멋대로 붙인 포스트잇 무덤은 사람들에게 부적절하고 비정상적인 신호로 이해되었고, 그녀가 진급에 누락되는 원인이 되었다. 니콜은 3개월 뒤에 사무실을 떠났다.

자신의 사무실 물건에 포스트잇을 붙이는 것과 그것을 동료의 물건에 붙이는 것은 완전히 다르다. 예를 들어 당신이 노란 포스트잇을 동료의 모니터에 붙인다면 그것은 아마도 도를 넘어서는 의도적인 행위다. 자신의 모니터에 스스로 적어 붙인 전화번호와 모임, 일의 포스트잇 메모가 정보를 제공하는 것이라면 다른 사람이 밤사이에 당신의 모니터 앞에 붙여 놓은 메모들은 주제넘은 짓이다.


포스트잇 메모를 무단으로 부착하는 것은 미국의 많은 사무실에서 반복되는 사건이다. 북버지니아의 한 사무실에 근무하는 브래드는 한 달에 한 번씩 자신의 컴퓨터 스크린 중앙에 붙어 있는 3인치짜리 정사각형 메모로 골머리를 앓고 있다. 노란색은 도로의 주의신호로 사용될 정도로 가시(可視)성이 높은 색깔이다. 비록 밝은 노란색이 친숙한 태양 빛을 암시한다고는 하지만 칙칙하게 빛바랜 색조는 불유쾌하고 감촉이 꺼끌꺼끌한 적대적인 심기를 나타낸다. 매월 브래드가 받아보는 포스트잇에는 검은색 대문자로 항상 같은 메시지가 남아 있다. "너의 월례 보고서가 필요해!"

그 메시지를 남긴 낙서예술가는 브래드로부터 불과 문 두 개를 사이에 두고 근무한다. 그는 브래드에게 들러서 안부를 전하며 직접 말을 전하는 대신 컴퓨터 화면에 메시지를 붙이기 위해 그가 자리를 비울 때까지 기다린다. 그는 점심시간에 동료들의 의자에 메모를 붙였던 사람과 동일인이다. 캐나다의 의사소통 이론가 마셜 매클루언의 유명한 언급처럼 그는 표현수단이 메모다. 마주 보고 이야기하는 것은 그의 스타일이 아니다. 하지만 그의 포스트잇 메모는 브래드에게 분명한 고통을 주고 있다.

교육, 데이터 처리와 의료서비스에 종사하는 사무직 근로자와 인터뷰를 해 본 결과 많은 직원이 자신의 스크린에 붙어 있는 스티커 메모를 처음 볼 때 가슴이 철렁하는 느낌을 받는다고 하였다. 무례하고 끝이 날카로운 작은 정사각형은 누군가가 자신의 요구사항을 요청하기 위해 그들의 고유 영역을 침범했다는 사실을 보여준다.

포스트잇 메모가 짜증 나고 불쾌한 일이라지만 포스트잇 폭격을 맞는 것보다는 덜하다. 가령 상사는 당신을 직접 대면해 "이번에 맡은 일이 기한 안에 전부 완료 가능할까요?"라고 물을 수 있다. 또는 당신에게는 조금 짜증 나는 일이지만 포스트잇에 그 말을 붙여서 컴퓨터 화면에 붙일 수도 있다. 하지만 그 질문을 한 자씩 강조해 쓰기 위해 20개의 포스트잇 메모지를 사용하는 것은 경우가 다르다. 이 경우에는 신속한 반격이 필요하다.

점심을 먹고 돌아온 당신은 자신의 컴퓨터에 포스트잇 20개가 붙어 있는 걸 발견한다. 당신은 즉시 25개의 포스트잇을 사용해 "물론이죠. 제가 맡은 보고서는 이미 전부 다 완료했습니다."라고 답한다. 상사의 포스트잇 폭격에 더 많은 포스트잇으로 보복한 것이다. 개인적인 문제와 기업의 고뇌를 드러내 보이는 몇 가지 사무실 신호들처럼 이것은 보이지 않는 치열한 전쟁이다. 다행스럽게도 그런 전쟁을 의례적으로 하지는 않는다. 당신이 포스트잇을 과잉 소비하는 사람이라면 만나서 얼굴을 마주 보며 그 상황을 완화하라. 시선을 마주치는 것이 외교의 첫 번째 규칙이다.

## 버리고 청소하고 유지하라!

일본의 제조 부문에서 미국으로 건너온 5S는 산업군에서 시스템 효율의 극대화를 위한 새로운 품질관리 체계를 말한다. 자동차, 전기나 전자 업계에서 시작해 사무실까지 넘어온 이 새로운 관리체계 철학의 관점에서는 포스트잇을 강박적으로 붙이는 행위가 못마땅할 것이다. 불필요한 것을 과감히 버리고(Seiri), 필요한 물품을 쉽게 찾을 수 있도록 정해진 곳에 두며(Seiton), 능률향상을 위해 더러움이 없는 환경을 조성해(Seiso) 그것을 유지하여(Seiketsu) 습관화(Shitsuke)하는 것을 의미하는 5S를 사무실에까지 적용하자고 주장하는 사람들은 사무실을 깨끗이 유지해 경영진, 직원과 고객에게 감동을 줄 수 있다고 말한다. 서류와 사무용품은 깔끔히 정리하고, 피규어나 탱탱볼 같은 잡동사니는 집에 두어야 한다. 무질서를 줄임으로써 당신이 없는 사이에 다른 사람도 사용할 수도 있는 업무공간을 효율적으로 만들자는 데 의의가 있다.

팀워크에 초점을 두는 일본에 비해 미국의 사무실 문화는 개인주의를 선호해 왔기 때문에 사무실의 정리정돈을 개인의 선택에 맡기지 않고 관리하려 드는 이 방식은 미국에서 약간의 혼란을 일으켰다. 예를 들어 2008년 4월 자체적인 5S 프로그램을 시작했던 캘리포니아주 샌디에이고 교세라의 북미 본사에 근무하던 직원들은 회사의 5S 강사인 댄 브라운으로부터 이에 대한 지도를 받았다. 브라운은 회계부서의 문에 붙은 승인되지 않은 고리는 제거하라고 했지만, 부서 간의 칸막이에 있는 고래 조각상은 괜찮다고 했다.

브라운은 "당신은 프로그램의 목적을 지키면서도 너무 까다롭지 않도록 어떻게 균형을 맞출 것인지 알아내야만 한다."고 말한다. 5S를 실행하는 사무실에서 말로 표현되지 않은 메시지는 "우리"가 "나"보다 더 중요하다는 것이다.


### ; 트립틱 불협화음


사무실 빌딩에서 조각품 한 점을 설치하는 것처럼 보기에는 사소한 행동이라도 큰 의미가 있을 수가 있다. 1960년대 초 뉴욕시에 있는 체이스맨해튼플라자에 조각가 제이슨 셀리의 〈트립틱(Triptych)〉을 설치하였다. 이 조각품은 크롬으로 도금된 범퍼들을 예술적으로 정렬한 것이다. 범퍼는 충돌로 인한 충격을 흡수하기 위해 자동차 앞뒤에 설치되는 금속이나 고무로 된 방책이다. 셀리는 폐차장에서 분리해 온 범퍼들을 용접해서 반짝거리는 현대 미술품의 하나로 만들었다. 범퍼들을 인간과 같이 직립 자세로 세워서 인위적으로 모여 있게 만든 이 조각품은 체이스맨해튼은행 본부가 있는 층의 빨간 벽돌로 된 벽에 설치되었다. 그런데 체이스맨해튼은행의 최고경영자 데이비드 록펠러는 이 조각품의 위치변경을 원했다. 그는 그 자리에 그대로 두기로 원하는 또 한 명의 최고경영자 조지 챔피언과 이후 10년 동안이나 권력 투쟁을 지속했다.

비즈니스적인 눈으로 보면 이 웃지 못할 일화는 록펠러와 챔피언이 모든 문제에 있어서 의견이 일치할 수 없다는 난제를 반영한 것이었다. 1960년 10월 체이스맨해튼은행 이사회가 공통 최고경영자 임명을 발표하자마자 그 둘은 상대방의 결정에 대한 거부권을 가지고 있었기 때문에 그 어떤 새로운 문제도 처리되지 못했다.

록펠러는 체이스맨해튼은행의 현대적이고 진보적인 모습을 보여주고자 트립틱이 벽이 아닌 로비에 공개적으로 전시되기를 원했다. 그러나 조각품의 데뷔는 계획한 대로 진행되지 않았다.

록펠러는 "나는 챔피언 몰래 그 조각품을 옮기기로 했다. 내가 한 실수는 그것을 점심시간에 옮기려고 했다는 것이다."라고 설명했다. 놀란 챔피언 쪽 직원들이 챔피언에게 트립틱이 옮겨질 것이라고 전하자 챔피언은 즉시 그 프로젝트에 거부권을 행사했다. 챔피언은 록펠러에게 말 한마디도 하지 않고 그것을 제지함으로써 미술품에 관한 첫 번째 싸움에서 이겼다.

그러나 그가 그 전쟁에서 이긴 것은 아니었다. 록펠러는 기회를 엿보다가 트립틱을 구매해서 일 년 동안 순회 전시에 보내버렸다. 그는 나중에 본부에 몇 명 없는 주말에 체이스맨해튼플라자의 중앙 홀 층에 설치했다. 그것은 오늘날도 그 자리에 있다.

지리멸렬한 투쟁 끝에, 록펠러는 체이스맨해튼은행의 단독 최고경영자가 되었다. 그러자 그는 체이스맨해튼은행을 국내적인 것으로만 유지하고자 했던 챔피언의 보수적인 비전을 넘어 그 은행을 국제화하기 위한 변화를 시도할 수 있었다. 록펠러가 자신의 회고록에 썼듯이 "범퍼와 관련된 에피소드는 챔피언과 내가 서로를 어떻게 대했는지 많은 것을 보여준다. 우리는 서로를 대부분 중개자를 통해서 상대했다. 가능한 한 우리는 직접적인 대면을 피했다." 셀리의 조각품은 체이스맨해튼은행의 권력 최상층에 존재하는 불협화음에 대해 기록되지 않은 신호였다.

록펠러가 공동 최고경영자 재임 초기에 그 트립틱을 로비에 설치하기를 원했던 것은 체이스맨해튼은행을 세계적인 은행으로 만들려는 그의 장기적인 목표에 대한 신호였다.

회사의 눈에 잘 띄는 곳에 설치된 미술품은 그 회사의 변화하는 운명, 관점과 세계관에 대한 조용한 신호가 될 수도 있다. 벽에 매달려 있는 것은 기업의 장래 전망과 건전성에 많은 것을 시사한다. 실적 보너스는 직원들에게 모든 것이 잘되고 있다고 말할 수도 있다. 하지만 경영진이 회사의 미술소장품들을 경매로 처분한다면 당신은 회사가 심각한 위기 상황에 맞닥뜨렸다는 것을 알 수 있다.

예를 들어 2005년 10월 17일 뉴욕의 금융상품 및 선물 중개회사인 레프코가 미연방 파산법 제11조에 따른 파산보호를 신청했을 때 무슨 일이 일어났는지 살펴보자. 그해 11월과 12월에 그 회사는 뉴욕과 시카고 사무실의 벽에서 수백 점의 미술품을 떼어냈다. 2006년 레프코의 미술사진 321점이 크리스티 경매장에서 970만 달러에 팔렸다. 미술품을 떼어 내기 전부터 레프코에 심각한 재정문제가 있다는 것은 분명했지만, 실제로 떼어 내는 것은 그 회사가 결코 재기할 수 없을 거라는 신호를 내보낸 것이었다.

# 02

# 직사각형 밖에서
# **생각하기**

﹐ 병든 직사각형

평균 7평 크기의 회사 공용공간에서 하루에 8시간을 보내는 사람에게는 개인의 사무 공간이 중요하게 여겨질 수 있다. 34만 5천 평으로 추정되는 광활한 아프리카 대초원에서 수렵 생활을 한 선사시대의 조상들과 비교해 보았을 때 오늘날의 직장인은 자신을 닭장 안의 닭에 비유할 수 있을 정도이다.

현대의 사무실은 내가 '직사각형의 지위 공간(RSS. Rectangular Status Space)'이라고 명명한 형태를 띤다. RSS 디자인은 독립된 벽으로 나누어진 격자 형태의 구성으로 이루어진다. 그 크기는 회사에서의 지위를 나타내며 일반적으로 클수록 좋다.

내가 근무했던 회사는 자로 잰 것처럼 RSS를 적용했다. 그 회사가 도심지역의 주택단지에서 교외에 있는 고층빌딩으로 이전했을 때에도 그들의 지위를 나타내는 공간은 변하지 않았다. 사장의 전망 좋은 고급 사무실은 여전히 제일 컸으며 양면으로 창문이 있었다. 그 아래 임원들은 한쪽에 창문이 있는 절반 정도의 사무실을 배정받았다. RSS 크기로 볼 때 임원들의 권력은 사장 크기의 절반으로 느껴진다는 것을 의미했다. 직원들은 회사의 사무실 공간 안에 대략 임원 사무실의 3분의 1 정도 크기로 벽과 창문 없이 칸막이로 만든 직사각형 공간에 앉았다. 접수 담당자는 가장 외로운 칸막이에 앉았다. 공간적으로 모든 사람에게서 떨어진 로비의 유리 현관문 옆이었다. 사무실의 한 가운데는 큰 회의실이 있었다. 창문이 없는 널찍한 직사각형인데 대부분 비어 있었다.

새로 이사한 사무실을 방문한 사람들은 무언가 잘못되었다는 것을 알아챘다. 그들은 의기소침한 어깨, 활기 없는 눈과 무표정한 얼굴을 보았으며 지치고 단조로운 목소리를 듣거나 정적을 느꼈다. 직원들은 일하는 시간 대부분을 직사각형에서 외롭게 보냈다. 활기는 찾아볼 수 없었고 공동체 정신은 부재했다.

회사 분위기를 좋게 만들기 위해 이사들은 팀 빌딩(Team building) 트레이닝을 권장했다. 직원들이 트레이너들과 회의실에서 함께 만나 좀 더 협력적일 수 있는 방법을 배웠다. 바로 첫 번째 세션부터 직원들의 기분이 나아졌다. 목소리에 열정이 배어났으며 흥분이 미소로 나타났다. 그러나 회의실을 나오고 나면 보이는 베이지색 벽, 한 치도 틀림없이 각진 미결제 서류함, 회색 카펫과 책상들로 채워진 직사각형 공간으로 되돌아오고 나면 연대감이 사라졌다. 그들은 가차 없이 구획된 공간 안에서 다시 직각을 이루며 싸울 준비를 마친다. 숨 막힐 정도로 정확하게 나뉜 칸막이 가구는 구조적으로 동료 관계를 저해하게 만들었다.

사무실의 우울한 분위기를 타개하기 위해서는 사무실 구조의 개조가 필요했다. 벽과 칸막이를 제거하고 더 많은 공간을 확보하기 위해 회의실을 텄어야만 했다. 더 많은 직원이 햇빛을 볼 수 있도록 하고, 베이지색 벽을 좀 더 활동적인 노란색과 오렌지색으로 다시 칠하고, 회색의 얇은 공업용 카펫을 뜯어내고, 콘크리트 바닥을 윤내고, 천장을 높였어야만 했다. 따뜻한 느낌을 주는 부드러운 가구나 원형 테이블, 함께 대화를 나눌만한 공동공간을 추가했어야 했다.

그러나 재설계는 없었다. 사무실은 내가 그곳에서 일을 시작한 지 몇 년이 지나도록 전통적인 RSS 디자인을 유지했다. 결국, 많은 직원이 사임하거나 은퇴했고 회사의 가장 큰 일인 출판 업무는 하청을 맡겼다. 사무실 공간에 변화를 주어 협력과 공동체 정신을 북돋워 주었더라면 어땠을까? 오늘날 점점 더 많은 회사에서 사무실 공간을 성공적으로 재설계하고 직원들의 사고를 유연하게 만들려고 시도 중이다.

하나의 예가 캘리포니아 산호세에 있는 다국적 네트워킹 통신회사인 시스코시스템즈다. 시스코시스템즈는 본부가 있는 빌딩의 직사각형 평면도를 개조해 공동작업이 편리한 공간으로 만들었다. 곧이어 미국과 일본 오사카에 있는 자사의 모든 사무실에도 모범적인 작업공간이 설치되었다.

2006년 2월에 도입된 시스코의 "연결된 사무실"은 회의실과 칸막이로 된 좁은 개인공간을 제거했다. 직원들은 지정된 자리, 지정된 업무 공간이나 책상 없이 공용공간을 함께 사용함으로써 연대감을 형성할 수 있었다.

직원들은 해야 하는 프로젝트에 따라 둘이나 셋으로 이루어진 팀으로 일하거나 단독으로 일할 수 있었다. 새로운 사무공간을 "매우 만족스럽게 생각하는" 직원들의 비율은 35퍼센트였다. 이것은 이전 사무실 디자인에서 측정했던 18퍼센트의 거의 두 배에 달했다. 시스코 부사장인 마크 골란은 "우리 사무실을 둘러본 거의 모든 사람이 미소를 지으며 고개를 끄덕인다."라고 언급했다.

# 03

# 건강한
# 사무실 신호

"
;  훌륭한 일터가 가지는 긍정적인 신호

건강한 사무실의 신호는 무엇인가? 행복하게 일할 수 있는 사무실에 취업하려면 무엇을 알아보아야 하는가? "훌륭한 일터를 만드는 걸 돕는 것"을 목표로 한 비영리단체 위닝 워크플레이스(Winning Work Places)가 식별한 몇 가지 긍정적인 신호들을 고려해 보라. 좋은 일터는 회사가 단순히 일하는 곳이 아니라 그 이상의 가치를 가지는 곳이라는 신호를 보낸다. 당신이 먼저 알아봐야 할 몇 가지 신호를 들어보겠다.

• **탁구대와 축구공** : 사무실에 탁구대나 축구공이 존재한다는 것은 동료들이 함께 일하는 것뿐만 아니라 함께 경기할 정도로 잘 지내고 있다는 신호다. 이 두 가지 신호는 워싱턴주 풀만에 있는 과학기기 제조사인 데카곤 기기에서 볼 수

있다. 데카곤은 위닝 워크플레이스와 《월스트리트저널》에 의해 15대 "최상의 소규모 사업장"에 선정되었다. 팀워크를 형성하기 위해 데카곤 직원들은 휴식시간에 탁구나 축구시합을 한다. 많은 다른 회사들과 달리 데카곤은 직원들이 일하면서 어울리기를 권장한다.

- **집에서 만들어 온 음식** : 직원들이 집에서 만들어 온 음식을 나눠 먹는 것을 본 적이 있는가? 작업환경에서 음식을 나눠 먹는 것은 긍정적인 신호다. 그것이 주는 근본적인 메시지는 직원들이 서로를 가족으로 여긴다는 것이다. 데카곤에서는 매주 수요일마다 집에서 가져온 음식들로 점심시간을 같이 하고 있다. 함께 식사를 하면서 직원들은 회사에 관한 정보를 공유한다. 식사시간은 하루 중 가장 사교적인 시간이다. 투쟁-도피 상태가 동지애와 팀워크를 조성하는 차분한 휴식-소화 느낌으로 대체된다.

- **앉아서 하는 지도 세션** : 매주 직원들이 관리자와 얼굴을 마주 보며 앉는 것은 회사가 잘 운영되고 있다는 바람직한 신호다. 일부 회사에서는 일 년에 한 번 인사고과 때만 사장과 마주 앉는다. 일리노이주의 버 리지에 있는 통합프로젝트 관리회사(IPM)에서는 다행히도 그렇지 않다. 그 회사는 일의 진도와 성과를 논의하기 위해 일주일에 한 번씩 직원들이 사장과 마주 앉는다. IPM의 회장 리처드 파니코는 앉아서 하는 정기적인 미팅을 개인적인 지도에 비유한다. 이 주간회의에서는 정직과 진실성이 강조되기 때문에 IPM 직원들은 일에 관한 윤리적 관심을 잃지 않는다. 엔론, 아서 앤더슨과 리먼 브러더스의 사장들이 직원들과 좀 더 자주 1 대 1로 마주 앉았더라면 이런 회사들이 실패하지 않

앉을지도 모른다.

- **되돌려주기** : 회사가 일과는 별개로 직원들이 유니세프, 소아마비 구제 모금
운동이나 적십자와 같은 자선단체에 지원할 수 있도록 격려하고 있는가? 이것
은 회사가 기업의 본래 목적, 즉 영리 추구를 넘어선 정신적 가치에도 투자하
려고 한다는 긍정적인 신호다. 노스캐롤라이나주의 모리스빌에 있는 보험회사
인 레드우즈 그룹에서는 직원들이 근무시간을 이용해 1년에 40시간 이상 자원
봉사를 한다. 레드우즈는 직원들에게 지역사회의 청소 운동과 음식 나누기 운
동에 참여하기를 권장한다. 이 회사의 창립자인 케빈 트라파니는 직원들이 "일
하러 왔을 때 기분이 좋을 수 있도록" 투자할 필요가 있다고 말했다.

# 04

# 바트가 엽총을 들고
# 다시 올까?

**;** 당신의 사무실은 영원히 안전한 곳이 아니다

       어느 목요일 오후 늦게 워싱턴 D.C에 있는 사무실 컴퓨터 앞에 앉아 있는데 한 동료가 들어와서 의자를 가지고 내 책상 옆에 앉았다. 그녀는 "오늘 밤에 그를 해고하려나 봐."라고 낮은 목소리로 말했다.

"누구?"

"회계부서의 바트 말이야."라고 그녀가 대답했다.

"바트? 우리 하급회계사?"

바트는 내가 좋아하는 사람이었다. 내가 그의 옆을 지나칠 때면 그는 항상 미소를 지으며 인사했다. 그는 항상 다림질한 하얀 셔츠를 입고 다채로운 넥타이를 했다. 그는 명확하고 부드러운 목소리를 가졌으나 사무실에 있는 그 누구에 관해서 함부로 말하고 다니지 않았다.

"왜 바트래?"라고 내가 다시 물었다.

"왜 그러는지는 모르지만, 오늘 밤이라는 건 알아. 난 그 일이 일어날 때 여기에 있고 싶지 않아. 내일 봐."라고 대답했다.

다음날은 충격으로 다가왔다. 금요일, 아침 나는 출근하기 위해 뉴햄프셔가를 걷고 있었다. 사무실 빌딩 정문에 두 명의 경찰관이 순찰을 하는 것을 보았다. 그러나 경찰관을 본 것보다 나의 주의를 더 끌었던 것은 적갈색 사암으로 된 벽, 창문과 목재로 된 현관문에 끼얹어진 밝은 노란색 페인트 방울과 얼룩이었다. 끈적거리며 알맞게 광택이 나는 최소 2갤런(Gallon)의 페인트가 우리 빌딩에 끼얹어진 것이었다. 내 사무실 창문에도 약간의 페인트가 묻은 거로 봐서 그 기물파손 행위는 회사에 원한을 품고 저지른 짓으로 보였다.

나는 곧장 바트를 떠올렸다. 그러고 나서 그의 이름이 왜 그렇게 쉽게 내 마음에 떠올랐는지 의아해했다. 나는 항상 그를 좋아했고 그는 나에게 어떤 해도 끼치지 않았었다. 그러나 경찰관에 따르면 범인은 정말 바트였다. 새벽녘에 바트와 그의 삼촌이 페인트를 마구잡이로 뿌려 우리 빌딩을 더럽혔다. 그의 삼촌이 이미 자백했고 바트는 어린 시절에 살았던 필라델피아 고향으로 도망갔다고 했다.

그날 아침에 나와 모든 동료의 마음에 있는 질문은 "바트가 엽총을 들고 다시 올까?"였다. 직장에서 드물기는 하지만 폭력적인 복수 사건이 일어날 수도 있고 일어나기도 한다. 해고에 불만을 품고 자신의 이전 사무실에 총을 가지고 되돌아왔던 회계사 앤서니 라칼라미타의 경우를 살펴보자.

바트와 마찬가지로 앤서니도 직장에서 모범적인 사원이었다. 앤서니가 회계사 사무실에서 쏜 총에 맞은 세 명의 피해자 중 한 명인 그의 사장 폴 리바는 재판에서 "앤서니는 성실하게 일했고 항상 예의 발랐다."라고 진술했다. 그러나 그가 알고 있었던 앤서니의 예의 바름은 얼마 가지 못했다.

2007년 4월 9일, 미시간주 트로이에 있는 코든 어드바이서 회계법인의 2층 사무실에 앤서니가 엽총을 들고 들어왔다. 앤서니는 1주일 전 이 회계법인의 회계업무에서 해고되었다. 그는 주저 없이 앨런 스타인버그의 사무실로 들어갔다고 검사가 말했다. 스타인버그는 가짜 엽총이라 생각하고 밀어젖히려고 시도했으나, 앤서니가 재빠르게 그의 엉덩이에 총을 쏴서 그는 심각한 상해를 입었다.

앤서니는 웅크리고 있는 이전 동료들과 눈을 마주친 후 지나쳐서 복도를 더 걸어가 자신의 두 번째 상사인 폴의 사무실로 향했으며, 그 과정에서 회사 접수담당자 매들린 카포리를 쏴 죽였다. 그리고 나서 그는 폴의 사무실로 걸어 들어와서 "즉시" 그의 가슴에 총을 쏘고는 "조용히 사무실을 떠났다."

바트의 경우와 마찬가지로 앤서니도 직장에서 어떠한 조짐도 없었다. 직장에서 앤서니와 바트 모두 예의 바르고 아주 얌전해 보였다.

아무런 징후도 없이 직장에서 어떻게 이런 사건이 일어날 수 있을까? 그것은 직장이 기만을 위해 맞춰진 무대이기 때문이다. 이력서부터 사무실에서의 처신까지 모든 단계에 기만이 들어가 있다. 장점을 강조하고 약점은 숨긴다. 면접에서는 나쁜 점을 감추지만 좋은 점은 자세히 설명하고 문신은 소매에 보이지 않게 한다. 직장에서 사람들은 업무에 자신이 적합해 보이도록 연출하고 그렇지 않은 부분은 감춘다.

멱살을 잡거나, 뺨을 때리거나, 주먹질하는 것과 같은 전조 증상은 사무실에서보다 밖에서 좀 더 잘 나타난다. 총격을 하기 몇 달 전에 앤서니는 30살 된 남성을 공격하면서 쇠 지렛대를 사용했다. 그 무거운 강철 도구로 남성의 머리를 치고 몸을 찔렀다고 한다. 회계법인에 있는 그의 상사들이 이런 공격적인 행동들을 알았더라면 앤서니가 자신들의 사무실 공간을 침입할 수 있다는 것을 예상했을 것이다. 해고와 같은 도화선이 되는 사건이 있고 난 뒤 대부분의 보복 피습이 발생하는 기간인 약 2주간의 위험시기에 그들은 자신들의 문을 걸어 잠그고 임시로 경비원을 고용했을 수도 있었다.

당신의 사무실이 영원히 안전할 것이라고 기대할 수 없다. 직장은 스트레스가 많고, 변덕스러우며, 속을 알 수 없는 사람들의 공간이다. 동료가 해고되면 이후 폭력적으로 변할 수 있다는 사실을 상기해라. 마크 에임즈는 사람들이 왜 자신이 다니던 회사나 학교에 총기를 난사하는지에 관한 문제를 다룬 탐사 르포집 《분노 사회(Going Postal)》(2005)를 통해 직장에서의 총기 난사 사건은 갈수록 일상적인 것이 되어가고 있다고 경고했다.

당신의 사무공간은
당신의 명함이다.

Part. 10

# 회의
# 발달사

## 01
—
# 회의
# 발달사

,

　　이제까지 얼굴, 눈, 손, 어깨, 머리모양, 복장, 신발, 심지어
공간이 나타내는 신호를 사이트-리딩하는 방법을 배웠다. 사이트-리
딩은 당신에게 말로 표현되지 않은 것의 의미를 가늠하게 해 준다. 오
므린 입술은 숨겨진 의견 차이를 나타낸다. 눈을 간헐적으로 좌우로
움직이는 것은 당신의 말을 음미하고 있다는 것을 보여준다. 갑자기
들어 올리는 어깨는 의심이 있음을 증명한다. 모든 사무실에는 모든
신체에서 찾아봐야만 하는 의미가 있다.

　　이제 업무회의에서 신체가 어떻게 행동하는지 살펴보자. 회의실에
서 허리 아래쪽 신체는 테이블 아래에 숨겨져 시각적인 관심은 위쪽
에 있는 얼굴, 어깨와 손으로 옮겨간다. 이 세 가지 신체 부위는 우리
가 회의할 때 중요한 비언어적 신호를 전달하는 역할을 한다. 그것들

이 합주단으로서 어떻게 함께 작용하는지 알아보기 위해 3막으로 구성된 연극 〈회의 발달사〉를 살펴보자.

## 서막

`pm 03:50`

회의실은 어둡고 비어 있다. 넓은 회의실에는 마음을 산만하게 하는 미술품이 없이 얇은 회색 카펫이 깔려 있다. 크롬(Chromium) 다리와 갈색 나무로 된 두꺼운 표면을 가진 테이블이 회의실의 지배적인 소품으로서 카펫 위에 무겁게 놓여 있다. 테이블 위에는 오후 4시 정각에 시작될 예정인 직원 주간회의를 위한 무대가 설치되어 있다.

## 제1막 '예고되지 않은 칙령'

`pm 03:55`

흰머리의 회색 정장을 입은 구부정한 신사가 회의실에 들어온다. 알은 이 회사의 최고경영자다. 50대 중반인 그는 눈에 띄게 걸음걸이가 부자연스럽다. 만성적인 요통으로 인해 허리가 앞으로 뻣뻣하게 굽어 있다. 그의 얼굴은 고통을 나타내는 전형적인 신호인 좁혀진 미간, 약간 치켜 올라간 뺨, 처진 눈썹, 거의 눈에 띄지 않는 콧날의 주름과 약간 솟아오른 윗입술을 하고 있다. 알의 고통이 보통 때보다 더한 것으로 볼 때 그의 기분이 좋지 않은 것으로 보인다. 그는 머리 위의 전등을 켜고 상석에 있는 자신의 자리로 상반신을 구부리고 걸어간다. 그는 평소답지 않게 일찍 자신의 자리에 앉는다.

**pm 03:59**

관리팀 임직원들이 도착하기 시작한다. 알의 오른팔인 최고 재무책임자 프란츠가 감사관 마가렛과 함께 걸어 들어온다. 다음으로는 셰리, 베브와 레이먼드다. 그 셋은 서로의 의견에는 항상 동의하지만, 사장에게는 종종 반기를 든다. 마지막으로 도착한 목소리가 부드러운 줄리아, 말수가 적은 루시와 변덕스러운 찰스가 합류한다. 이제 알의 비서 샤론을 포함해서 모두 10명의 배우가 회의 테이블에 앉았다. 불편한 회의가 막 시작되려 한다.

**pm 04:00**

오늘 회의실은 몹시 조용하다. 그 누구도 미소 짓거나, 잡담하거나, 농담하거나, 유쾌하게 웃지 않는다. 엄숙한 분위기는 알의 굳게 다문 입술, 보통 때와는 다른 격식을 차린 정장 재킷과 찌푸려진 표정 때문이다. 그는 임직원들의 눈길을 마주치지 않고 자신 앞에 반원형으로 펼쳐져 있는 서류 위에 둔 깍지 낀 두 손을 응시하고 있다. 임직원들은 어두운 낯빛으로 조용히 앉아 있다.

정적이 더 지난 뒤 알이 개회를 선언한다. 입을 열기 전 계산된 침묵은 그가 하려는 말을 좀 더 극적으로 만든다. 인류학자 에드워드 홀은 자신의 저서 《침묵의 언어(The Silent Language)》에서 "시간이 말을 한다."라 언급했다. 홀에 따르면 비언어적인 메시지로서의 침묵은 8단계의 길이를 가지고 있다. 즉시, 매우 짧음, 짧음, 중간, 깊, 아주 깊, 대단히 깊과 영원이다. 오늘 회의실에 있는 사람들은 사장의 짧은 정적을 '영원'으로 느낀다.

알이 말을 시작하면서 자신의 말을 강조하기 위해 고개를 앞으로 끄덕인다. 말을 하면서 머리를 끄덕이는 행위는 확신의 신호를 보낸다. 인간의 머리 끄덕임은 도마뱀이 자신의 존재를 분명히 보여주기 위해 공격적으로 머리를 끄덕이는 것과 마찬가지의 효과가 있다.

알이 자신의 손을 테이블 위에 흩어져 있는 서류에 올려서 손바닥이 테이블과 평행하도록 휙 뒤집는다. 손바닥을 아래로 향하게 하는 건 "나 지금 심각해!"라고 말하는 것과 같다. 동시에 알은 테이블 반대편을 향해 손을 뻗는다. 다섯 손가락이 완전히 펴진 채 손바닥이 테이블 표면의 4인치 위를 맴돈다. 그 동작을 유지한 채 알은 "오늘부터 나는 늦게 제출되는 보고서는 받지 않겠어."라고 말한다.

모두의 눈이 알의 모습에 집중한다. 그는 "오늘부터"를 통해 강조하고 싶은 말을 이해시키기 위해 의사봉을 두드리는 판사처럼 위아래로 손을 들어 올렸다 내린다.

경직된 어깨와 낮은 음성으로 판단해 보건대 알은 진심이었다. 알의 오른쪽으로 세 번째 자리에 앉아 있는 셰리가 자신의 어깨를 들어 올린다. 그 동작은 가볍지만 감지할 수 있다. 그녀의 으쓱임은 알에 조심스럽거나 순종적인 입장을 암시한다. 한편 셰리의 오른쪽에 앉은 찰스는 상체를 뒤로 젖혀 의자에 기댄 채 가슴 높이에서 팔짱을 낀다. 찰스의 반응은 의견의 차이를 암시한다.

셰리와 찰스는 알의 발언에 방어적인 몸동작으로 반응하였다. 다른 동료들은 항상 제시간에 보고서를 제출했지만, 그 둘은 보고서를 늦게 제출한 죄가 있다. 보고서를 늦게 제출한 죄가 없는 다른 동료들의 몸은 느긋하게 쉬고 있다. 팔꿈치를 앞으로 펴고, 쥐고 있던 손을 풀며, 웅크렸던 손목을 뻗어서 바로 한다. 최소한 이 회의에서는 더는 자신들이 위험하지 않다는 것을 충분히 이해하고 있다. 입술이 느슨해지고, 주름졌던 이마가 펴지며, 다시 한 번 세상이 좋아 보인다.

알의 비서 샤론 옆에 앉아 있는 루시가 질문한다. 그녀는 말을 하면서 완전히 열린 손바닥이 나타나도록 오른 손바닥을 위쪽으로 확 뒤집는다. 그녀는 자신의 손을 알을 향해 앞으로 내뻗는다. 셰리의 치켜올려진 어깨처럼 루시의 손바닥은 순종적인 태도를 의미한다. 손바닥을 위쪽으로 하는 동작은 흔히 고용주들이 손바닥을 아래로 하는 신호에 대한 반응으로 사용된다.

"만약에 사무실 밖에서 외근 중이라면 보고서를 늦게 제출해도 되나요?"라고 둥글게 만든 손바닥을 하고서 질문한다.

알이 "좋은 질문이야. 그것은 한 가지 예외라고 생각해."라고 대답한다. 그는 루시의 질문에 부응하면서 어깨를 으쓱인다. 알의 행동은 이제 존중을 암시하는 것으로 변화하여 그가 진정되었음을 나타낸다. 그의 신호를 파악한 셰리와 찰스는 팔뚝과 손을 다시 테이블 위에 가져다 놓는다. 뒤바뀐 알의 태도에 직원회의가 두려움에서 연대와 친선으로 바뀌었다.

## ¶ 제2막 '열띤 토론'

`pm 04:17`

알이 일어나서 회색 정장 재킷을 벗어 자신의 의자 뒤에 건다. 그의 외관에서 풍기는 격식이 소멸한다. 그는 다시 앉아서 다음 안건을 소개한다. 알이 "프란츠, 이 안건에 관해 설명해 주게."라고 지시한다. "이 안건"은 가장 인기 없는 "임의고용(At-Will Employment)"(근로자가 자유롭게 퇴사하는 권리를 보장하면서 동시에 고용주가 특별한 사유 없이 해고할 수 있는 권리를 보장하는 쌍방 자율의 고용 형태)에 관한 것이다.

`pm 04:18`

프란츠가 검은색 노트북을 열고 자신의 안경을 조정한 뒤 노트북을 흘깃 내려다본다. 손가락 관절로 자신의 코를 문지른다. 그는 건너편에 있는 동료들에게 좀 더 가까이 다가가려는 듯이 완전히 앞쪽으로 몸을 기울인다. 그의 몸 기울이기가 과도해서 아슬아슬하게 공격적이다. 이제 알이 프란츠의 지나치게 열성적인 자세를 흉내 내서 앞으로 기울인다. 비슷하게 행동하는 것은 두 사람이 이해하고 있는 내용이 같다는 것을 보여준다.

프란츠가 "여러분도 알다시피 이사회는 회사를 위해 임의고용을 검토해 보라고 요구했습니다."라고 말한다. 처음에는 느리고 부드러우며 신중하게 말한다. 그의 무표정한 얼굴은 노트북 중앙에 고정되어 있다. 그의 입술은 평온한 상태다. 그의 눈은 테이블 너머의 직원들을 재빠르게 둘러본다. 프란츠는 손가락 끝을 노트북의 열린 페이지에 침착하게 두고 움직임이 없다.

## pm 04:19

회의실 분위기가 연대와 친선에서 반대의 분위기로 옮겨간다. 찰스가 몸을 뒤로 기대어 오른쪽 발목을 왼쪽 무릎에 올린다. 그는 방어적인 태도를 보이며 프란츠의 얼굴에 시선을 고정한다. 이번에는 셰리가 뒤로 기대며 팔짱을 낀다. 프란츠가 있는 쪽을 쳐다보면서 그녀의 입술이 꽉 다물어지고 입가가 아래로 처지기 시작한다. 그리고 이번에는 베브가 뒤로 기댄다. 그녀가 몸을 왼쪽으로 돌려 상체가 프란츠와 알과 비스듬하게 된다. 그러나 그녀의 시선은 프란츠에게 고정되어 있다.

마가렛, 줄리아와 루시도 뒤로 몸을 기댄다. 이제 프란츠와 알을 제외하고 회의실에 있는 모든 사람이 뒤로 기댔다. 샤론도 몸을 앞으로 숙이고 있지만, 회의록을 작성하기 위해서일 뿐이다. 샤론은 논외로 하면, 회의실은 임의고용에 찬성하는 측과 반대하는 측으로 나뉘고 있다. 몸을 기울인 방향에서 보건대, 안건은 부결될 것이다.

pm 04:20

프란츠는 "여러분도 알다시피 우리 회사는 인원 감축을 할 필요가 있습니다. 구조조정을 추진하는 데 임의고용은 우리에게 인력 운영의 유연성을 높여 줍니다."라고 계속 설명했다. 그가 회사편람에 있는 임의고용 조항을 설명할 때 그의 오른 손가락은 테이블 위를 가볍게 톡톡 두드린다. 몸을 뒤로 한 모습, 긴장하는 입술과 반대하는 눈길을 감지한 프란츠는 발끈해 테이블 위에서 삿대질한다.

pm 04:24

분노한 찰스가 손바닥이 아래로 가게 하는 동작을 한다. "편람에는 우리가 '정당한 이유'가 있는 경우에만 해고될 수 있다고 되어 있어요. 그것을 임의로 할 수는 없어요."라고 주장한다. 찰스는 그 말을 하고 나서 원래처럼 팔짱 끼는 모습으로 되돌아간다.

세리 또한 오른 손바닥을 아래로 가게 확 뒤집으며 뻗는다. 그녀가 분노한 목소리로 "우리는 항상 정당한 법 절차에 따랐고, 그것은 우리 편람에서 큰 부분이에요."라고 말할 때 어깨는 으쓱임 없이 경직되어 있었다. 확신에 찬 말과 함께 그녀는 손바닥을 위아래로 움직였다.

이번에는 마가렛이 같은 동작을 하며 말을 거든다. 그녀는 고개를 가로저으며 "임의고용은 우리가 모두 아무런 이유 없이 해고될 수 있다는 것을 의미해요. 그것은 최고경영자에게 너무 많은 권한을 주는 겁니다."라고 말한다. 머리를 가로젓는 것은 반대나 거절을 나타내는 전 세계적인 신호다. 그녀의 경우에 그 동작은 자신이 진심으로 임의 고용이 잘못된 방안이라고 느낀다는 것을 의미한다.

최종적인 권한을 가진 알이 논쟁에 합류한다. "우리는 편람을 다시 고쳐 쓸 필요가 있어. 우리 모두 임의고용 서류에 서명해야 할 거야." 라고 말한다. 흥분하기 시작한 알은 목소리가 낮아지고 화난 것처럼 들린다. 발언과 몸짓언어로 판단해 봤을 때, 그는 이 전쟁에서 자신의 편이 이미 졌다는 것을 감지하였다.

루시가 몹시 화가 난 목소리로 "사장님은 우리에게 억지로 서명시 킬 수 없을 거예요. 절대로!"라고 말한다. 그녀는 오른 손바닥을 아래 로 가게 휙 뒤집으며, "그건 미친 짓이에요."라고 말한다.

임의고용 안건은 20분 동안 진행된다. 테이블 위에서는 소리 없는 결투가 일어난다. 일부는 테이블 위를 '쾅'하고 내려칠 듯이 손을 휘두 른다. 찬성 측은 몸을 앞으로 기울이고 반대 측은 뒤로 기울인다. 2대 7의 상황에서 마침내 알이 진절머리를 내며 "좋아. 다음 주에 이 안건 에 대해 다시 말하자고."라며 결론짓는다. 그러자 고조된 회의실 분위 기는 갑작스럽게 진정되기 시작했다. 알이 손을 들어 회의를 마무리 했다. 그때 의자 뒤쪽에서 뻥 소리가 들린다. 분위기가 완화되자 프란 츠가 테이블에서 일어나 포도주병의 코르크 마개를 뽑은 것이다.

pm 04:38

알이 "우리는 다음 기회에 이 모든 것을 처리할 수 있을 거야. 나도 그것에 문제가 있다는 걸 알아. 그렇지만 이제 발표해야 할 생일이 있어! 생일 축하해, 찰스! 적포도주로 할래, 백포도주로 할래?"라고 말한다.

pm 04:39

알의 짤막한 발표와 함께 회의실 안은 순식간에 환호하는 분위기로 반전된다. 초콜릿케이크, 다양한 종류의 과자와 아이스크림이 나타나고 일회용 접시와 컵, 알록달록한 색상의 냅킨도 등장한다.

함께 생일을 축하하고 음식을 나눠 먹으며 그들은 팀에 대한 소속감을 다시 한번 상기하게 된다. 같은 음식을 나눠 먹는 것이 서로에게 일체감을 느끼게 해 주는 이유는 '동일행동(Isopraxism)' 또는 '미러링(Mirroring)'으로 명명되는 '똑같이 행동하기'에 근거한다.

도마뱀들이 동시에 머리를 끄덕이는 것, 칠면조들이 단체로 소리 내는 것과 새들이 동시에 깃털을 고르는 것도 동일행동의 생물학적 근거이다. 애니 소카노프는 자신의 저서 《언어관찰(Word Watch)》에서 인간 사이에서의 동일행동은 대규모 집회, 집단폭력, 집단히스테리와 갑작스럽게 광범위하게 퍼지는 유행에서 분명하게 나타난다고 말한다. 업무상 같이 먹고 마시는 것들이 사람들을 화합시킨다는 사실은 놀라운 일이 아니다. 먹고 마시는 것은 심장박동수가 떨어지고, 근육 수축이 완화되며, 소화할 때 소화액이 분비되면서 경험하는 평온하고 행복한 느낌인 '이완반응'을 끌어낸다. 생리학적으로 음식섭취를 통한 휴식-소화 반응은 행복감의 기본적인 모델이다.

**pm 04:41**

여기 회의실에서 휴식-소화 반응이 분명하게 보인다. 입술이 곡선을 이루어 미소로 번진다. 눈길이 편안하고 정중한 접촉을 하면서 목소리가 가벼워진다. 사무실에서의 파티는 오후 5시에 마치지만 포도주 애호가들은 오늘과 같이 특별한 경우에는 종종 6시까지 회의실에 머문다. 적당한 음주는 삶의 활력소가 된다.

**pm 04:45**

이제는 그 누구도 손바닥을 아래로 한 동작을 하지 않는다. 그 대신 열린 손을 내보이기 위해 손을 위쪽으로 돌린다. 가벼운 농담, 정중한 웃음과 함께 어깨를 으쓱인다. 동료들은 움츠리거나, 외면하거나, 뒤로 기대는 대신 자신들의 마음과 몸을 연다. 투쟁-도피 반응이 줄어드는 케이크나 아이스크림처럼 차츰 작아진다.

**pm 05:01**

다시 회의실이 빈다. 적포도주의 향기가 아직 사무실 공기에 머물러 있다. 내일이 되면 새로운 비언어적 몸짓 연극이 막을 올릴 것이다.

공식적인 회의록에는 기록되지 않았지만, 몸짓언어는 한 시간 동안에 인간 영장류 소집단이 겪은 불안, 긴장의 상태에서 휴식-소화 상태로의 전이를 보여주었다. 즉 이 3막짜리 연극은 말로 표현되지 않은 태도, 기분, 동맹 또는 분열을 분명하게 말해 주었다. 이 책에서 보아왔듯이 몸은 거짓말을 할 수 없다.

업무회의에서 어깨를 으쓱이는 정도, 손바닥을 위쪽으로 하느냐 아래로 하느냐, 몸통을 앞으로 기울이느냐 뒤로 기울이냐에 따라 엄청난 의미 차이가 있다. 이러한 신체 부분은 우리 몸 중에서도 주연 배우들이다.

위와 같이 회의실에서 이루어지는 연극을 객관적으로 관찰할 수 있다면, 복잡한 줄거리를 가진 회사의 연출기법도 해독할 수 있게 될 것이다.

다음 장에서 당신은 사장의 몸짓언어를 해독하는 방법을 배울 것이다. 비언어적 기법을 사용하면 맹수를 길들이는 조련사들처럼 아무리 대하기 까탈스러운 사장도 신사로 바꿀 수 있다.

Part. 11

세상에
나쁜 사장은 없다

# 마이보스
# 행동 교정하기

경계를 명확히 하라

개와 사장이 공통으로 가지고 있는 것은 무엇일까? 둘 다 포유류로서 일정한 습성을 가지고 있으며 훈련될 수 있다는 것이다. 메릴랜드주 실버스프링에 있는 케이나인히어로즈(K-9 Heroes)의 소유주 리처드 켈리는 개 훈련에 있어서 가장 큰 문제점은 '경계의 불명확성(Lack Of Borders)'이라고 한다. 개에게 어떤 이유로든 일정한 선을 절대로 넘지 못하도록 분명하고 단호한 규칙을 준 뒤에 그것을 지켰을 때 일관되게 보상을 해 줘야 한다. 선을 넘지 않도록 훈련된 개는 인간을 신뢰하게 되고 우리 사회에 잘 녹아들어 편안한 견생(犬生)을 영위할 수 있다.

린은 "제가 10분만 자리를 비워도 사장은 빌딩 안에서 저를 찾으러 다녀요."라며 불평하였다. "웃기는 건 제가 그걸 모를 거라고 생각한다는 거예요. 우체국에 다녀오면서 화장실에 들를 수도 있잖아요? 근데 자리를 비운 지 10분만 넘어가도 그가 화장실 앞 식수대 옆에 있지 뭐예요! 이런 일이 매일 반복되어요." 이것은 상당히 전형적인 상황이다. 그녀의 사장은 직원들의 모든 움직임과 사소한 일까지 감독하고 싶어 하는 전형적인 상사의 유형이다. 모든 직원이 자신의 통제 안에 있어야 하는 충동적인 습성을 극복하기 위해서는 훈련이 필요하다.

사장을 훈련하려면 개를 훈련하고 사자를 조련하는 것과 같이 일관성과 강렬한 시선이 필요하다. 사장들은 직접 시선을 마주치는 것을 힘의 상징이라고 여기는 영장류들이다.

나는 린이 문제가 있는 직원이 아니라면 자신을 따라다니는 사장의 취미가 선을 넘은 행동이라는 걸 사장에게 보여주라고 권하고 싶다. 오늘부터 당장 그녀는 화장실 앞의 식수대에 존이 있는 것을 볼 때마다 그의 눈을 마주 보면서 손바닥을 아래로 한 권위적인 손을 내뻗으며 "사장님, 안녕하세요."라고 말해야 한다. 손바닥을 아래로 하는 동작이 아주 강력하게 자기주장을 나타내는 것이라고 설명한 4장을 참조하라. TV 전문가들처럼 개를 훈련하는 사람들은 말을 강조하기 위해 손바닥을 아래로 한 신호를 사용한다. 그 동작에는 "안 돼!", "앉아!", "엎드려!"라는 말이 포함되어 있다.

존이 개가 아니라서 개가 하는 것 이상으로 린의 메시지를 알아채지 못할지도 모른다. 하지만 그의 포유류 뇌는 린의 시선 마주치기와 위엄 있는 손바닥을 알아챌 것이다. 개와 인간은 직접적인 시선과 위엄 있는 손바닥을 무시할 수 없는 신호로 인식한다. 누적효과를 보려면 위반하려는 순간에 이러한 단정적인 신호들을 반복적이고 일관되게 해야 한다. 존이 화장실 앞의 식수대에 숨어 있을 때마다 그녀의 손은 단호하게 사장에게 경계를 넘지 말라는 신호를 보내야 한다. 직장에서 사장이 그녀를 뒤따를 때마다 그는 "하지 마세요!"라는 손을 볼 것이다.

유명한 서커스 조련사인 군터 게벨-윌리엄스는 야생동물을 훈련하는 일이 아프리카 사바나 초원의 한가운데에 무방비하게 서 있는 것만큼이나 위험하다는 걸 알고 있다. 게벨-윌리엄스는 야생동물을 조련하기 위해서는 일관성이 핵심이라고 생각했다. "동물과의 교감이 매력적으로 보일지도 모른다. 그러나 당신은 하루도 쉬지 못하고 매일 똑같은 사람이 되어야만 한다."

우리에 갇힌 동물들은 그 공간을 자신들의 영역으로 간주한다. 마찬가지로 사장의 사무실에 들어가는 것은 그에게 공격받거나 악담을 들을 위험을 수반한다. 흔히 '임계거리'라고 알려진 동물학적 구역을 침범하는 것이다. 동물학에서 '임계거리'란 조련사의 말을 가장 잘 따르면서도 공격 행동을 하지 않는 거리를 말한다. 이 임계거리에 대한 동물의 욕구는 상당하므로 아무리 잘 길들여진 사자나 호랑이라 하더라도 그들의 경계를 넘게 되면 공격적으로 변할 것이다.

사장을 조련하기 위한 기술은 전략적인 찌르기, 피하기, 전진이나 후퇴 중의 하나다.

02
—

# 사장의
# 상징물

**;**      자신의 힘을 과시하기 위한 도구

       사장실에 장식된 물건은 그들의 많은 것을 상징한다. 내가 모셨던 어느 사장은 고함을 지르는 사람이었다. 그는 고위급 간부를 자신의 사무실에 불러서 부드러운 목소리로 "문 닫아."라고 요청했다. 그 간부가 원형 테이블에 앉자마자 그는 고함을 지르면 발작했다. 그는 두 명 이상의 직원이 있을 때는 절대 그렇게 하지 않았다. 그는 자신의 평판을 생각해서 직위가 낮은 직원이나 인턴에게는 절대 소리치지 않았다. 나는 이것이 하급 직원에 대한 배려가 아니라 단지 힘을 절약하기 위한 방책이었다고 확신한다.

     문제는 그가 아주 사소한 문제에도 발작적으로 고함을 지른다는 것이다. 그가 내게 고함을 지른 첫 번째 이유는 내가 편지의 단락에서 첫 번째 줄을 들여 썼다는 것이었다. 그는 복사물을 자신의 주먹에 쥐고 앞뒤로 흔들며 "왼쪽에 맞춰! 왼쪽에 맞추란 말이야!"라며 고함쳤다. "회사 정책을 자네만 면제받기라도 했나 보지? 아니면 무시하기로 작정한 거야? 왼쪽으로 정렬하란 말이야!" 그가 고함을 지를 때 나는 그의 몸이 의자 안에서 위아래로 튀는 것을 보았다.

그 사장의 상징은 그의 사무실 문 위에 걸린 뱀 깃발이었다. 그 깃발은 직원들이 그의 사무실을 들어갈 때마다 마음속에 두려움을 심어주려는 의도로 보였다. 방울뱀이 수놓아진 작고 노란 그 깃발의 밑에는 "나를 밟지 마."라고 쓰여 있었다. 나는 여기서 방울뱀과 사장의 고함과의 관계를 파악했다. 그는 자신의 깃발로부터 멀어지면 소리치지 않을 것이다. 그는 혼자서는 소리를 지르지도 않을 것이고 내 사무실까지 찾아와서 소리를 지르지도 않을 것이다.

다행히도 모든 고용주의 엠블럼이 독사를 묘사하고 있지는 않다. 1930년부터 1969년까지 골드만삭스의 대표였던 시드니 웨인버그가 좋아하는 상징물은 1776년 윌리엄메리대학교에서 성적 상위 1퍼센트에 해당하는 학생들이 만든 클럽 파이베타카파(PBK)의 열쇠였다. 웨인버그는 브루클린 전당포에서 PBK 열쇠를 수집해서 자신의 책상 서랍 안에 철삿줄로 꿰어 두었다. 골드만삭스의 오래된 직원인 존 화이트헤드에 따르면 웨인버그는 "무엇인가를 오래도록 이야기하며 잘난 체하는 사람을 만나면 PBK 열쇠가 가득 걸려 있는 철사를 서랍에서 꺼내 '와, 당신은 몹시 똑똑하니까 이 열쇠 중 하나를 가질 자격이 있어.'라고 감탄하며 말한다."라고 설명했다.

또 다른 나의 이전 사장은 위세를 부리는 상장, 미국 국회의사당이 있는 언덕의 모형이나 유명한 사람들과 함께 찍은 사진들로 자신의 사무실을 꾸몄다. 그는 속마음을 드러내지 않고 보통 수준의 격식을 차리는 사람으로서 고함을 지르는 사람은 아니었다. 하지만 그의 상징물들은 직원들에게 기대하고 있는 것을 반영하고 있었다. 고대 하와이에서 마력은 힘이 있는 사람이 내뿜는 보이지 않는 영적인 힘이었다. 폴리네시아 신앙에 따르면 왕이나 왕비 가까이에 있으면 왕족으로부터 마력을 흡수할 수 있다. 선사시대 오세아니아에서는 영력이 전이된다고 믿었다. 내 사장에게는 대통령과 함께 찍은 사진이 자신에게 힘이 있고 스스로가 "대통령인 것처럼" 느끼게 했다.

미국 대통령들도 자신들의 힘을 좀 더 강하게 내보이기 위해 상징물을 이용한다. 조지 워커 부시의 재임 시절, 그는 미국 국기를 연상하는 붉은색, 흰색과 파란색으로 된 핀을 재킷에 고정했다. 부시는 그 애국적인 핀을 하지 않고서는 백악관을 거의 나서지 않았다. 그것은 은연중에 "나는 누구보다 애국적인 대통령이다."를 내비친다. 대선 후보 버락 오바마도 옷깃 핀을 좋아했다. 비록 핀과 같은 작은 크기의 상징물일지라도 그것이 가지는 힘은 결코 무시할 수 없다.

지도자들의 옷깃 핀이나 PBK열쇠가 그러하듯 그들의 졸업증서도 말을 하고 있다. 사장의 책상 뒷벽에 붙여 놓은 액자 속의 졸업장은 "나는 학사학위의 힘을 가지고 있어."라고 계속 방송하고 있다.

1939년에 개봉한 〈오즈의 마법사(The Wizard of Oz)〉에서 마법사는 교육자들에 관한 비밀을 허수아비에게 말한다. "그들은 네가 가지지 못한 '졸업장'이라는 길 가지고 있어. 그러니까 너에게도 내 권한으로 명예박사 학위를 수여할게." 졸업장을 받은 허수아비는 자신이 원하던 '지혜'를 얻었다며 행복해 하는 것으로 이야기는 마무리된다.

그러나 현실에서 '마법사의 자격으로' 받을 수 있는 학사학위는 없다. 예를 들면 캘리포니아주 패서디나에 본부를 둔 테트라 테크의 샘 박스 회장 사무실 벽에는 학사학위 증서가 없다. 그의 이력서에는 캘리포니아대학교에서 토목공학 학사학위를 받은 것으로 되어 있어 자신의 힘을 상징할 수 있는 학사학위증을 걸어두지 않은 건 의미심장하다. 직장에서 부풀려진 학위증서에 대한 폭로기사를 쓰기 위해 그 회사를 조사했던 《월스트리트저널》은 박스 회장이 학위를 받지 않았다는 사실을 밝혀냈다. 그의 사무실 벽에 학위증서가 자랑스럽게 내걸려있지 않은 것은 그가 겸손해서가 아니라 실제로 졸업장이 없기 때문이었다. 《월스트리트저널》의 폭로 이후, 2008년 10월 그는 부회장으로 강등되었다.

《월스트리트저널》은 "미국의 주식회사 고위 임원과 이사 중 최소 10명이 취득하지 않은 학위증을 받았다고 회사의 전기에 소개되어 있다."고 보도했다. 리스크 상담업체인 크롤의 추산에 의하면 학력을 과장하는 종업원과 구직자의 비율이 약 20퍼센트나 된다. 기업윤리를 연구하는 사람들은 학위에 대해 거짓말을 하거나 학위를 남발하는 대학으로부터 가짜 학위를 사는 것은 심각한 종류의 사기 신호라고 말한다.

펜실베이니아 와튼스쿨의 기업윤리학자 모리스 슈바이처는 "그들은 거짓말을 하고도 처벌받지 않을 것이라는 확신이 서면 지출결의서를 허위 작성하고, 회사자금을 악용하기 시작할 것이다. 매우 우려스러운 일이 아닐 수 없다."라고 말했다. 사무실에서 학위를 부풀리는 것은 그의 도덕관과 윤리의식을 판별할 수 있는 중요한 신호이다.

# 03

# 이런 놈도
# **사장을 한다**

## 사악한 마피아 사장

    그레고리 데팔마만큼 못되게 행동하는 사장을 둔 사람은 많
지 않다. 뉴욕의 웨스트체스터 카운티에 있는 마피아 사업체의 70대
사장 데팔마는 자신의 것을 훔쳐 갔다고 생각되는 동료의 머리에 전
동 공구를 사용했다고 전해진다.

    은퇴한 FBI 요원 잭 가르시아는 "나는 그를 악마의 화신으로 묘사
한다. 아주 사악한 남자다."라고 말한다. 허구의 이탈리아계 미국인
"잭 팔콘"이라는 이름으로 위장 근무를 했던 가르시아는 데팔마를 위
해 일하면서 마피아 조직의 공식 일원으로 초대될 정도로 신뢰를 얻
었다. 가르시아는 2008년에 펴낸 책 《잭 팔콘 만들기(Making Jack
Falcone)》에서 자신의 인생을 '마피아 사업가로 속여 말하는 자'라고
말한다.

헌신적인 마피아 보스인 데팔마는 어떤 다른 것보다 회사를 맨 위에 두었다. 그에게는 마피아 "패밀리"가 항상 우선이다. 당신의 아이가 죽어가는 상황에 보스가 부른다면 "당신은 그 아이를 두고서 보스에게 가야 한다. 그들이 당신의 진정한 가족이기 때문이다."라고 가르시아가 말한다.

자신의 아주 못된 사장을 길들이기 위해 가르시아는 심리학에서 말하는 호혜의 원칙을 사용했다. '호혜의 원칙'이란 일명 '주거니 받거니'이다. 선물을 받은 사람은 그 이상의 선물을 주거나 호의를 베풀어야 한다. 가르시아는 데팔마의 호의를 얻기 위해 그에게 고급 시가, 보석과 전자제품을 계속해서 선물했다.

다행히 선물 주기 계책이 효과를 발휘해 가르시아는 그의 아들을 곁에서 보필하게 되었다. 물론 이런 과정에서 위장취업자 가르시아는 2년 동안 데팔마에 대한 정보를 FBI에 넘겼다. 조직폭력배에 대한 재판에서 가르시아가 증언할 때 데팔마의 얼굴에 나타난 표정은, 가르시아의 말을 빌자면, "최고였다." 그는 가르시아를 "잡아 죽일 듯이" 굳게 노려보았다. "그가 나를 바라보고 있었어요. 당신도 알다시피 그가 가능했다면 손으로 내 목을 졸라 죽였을 겁니다."

데팔마는 징역 12년을 선고받았다. 동물 조련사가 먹이 주기를 통해 동물들의 얌전한 행동을 유도하는 것처럼 가르시아는 데팔마와 호혜 관계를 유지함으로써 자신의 보스를 성공적으로 훈련했다. 그러나 FBI 요원들이나 마피아 보스들에게는 문제가 없던 것이 법률을 잘 지켜야 하는 사무실에서는 문제가 될 수도 있다는 것에 유념하라. 고용주에게 영향을 미치기 위해 고의로 선물을 주는 것은 뇌물이다.


## ﹔ 차드의 못된 사장

　　야생동물 조련사들은 훈련에 앞서 관찰을 한다. 조련사는 대상의 특이한 성격, 버릇과 기분을 알아내기 위해 훈련되지 않은 사자나 호랑이를 면밀하게 관찰한다. 그런 다음 그 동물의 기질에 맞는 훈련방법을 적용한다. 비즈니스 세계의 상사-부하직원 관계에서도 부하직원은 상사를 주도면밀하게 관찰하여 그에 맞는 적절한 대응 방식을 찾아야 한다.

　　내가 "차드"라고 부를 익명의 관리자는 중견 기술회사의 지역 관리자로 일한다. 차드가 새로운 직장에서 일을 시작한 지 오래되지 않아 자신이 전형적인 "못된 사장"을 위해 일하고 있었다는 것을 깨달았다. 차드는 "사장은 짜증을 잘 내고, 고함을 지르며, 전화로 외설적인 말을 하며, 동료들 사이를 이간질하고, 고객, 기업, 직원들에 대한 장황하고 비생산적인 비난을 한다."며 《비즈니스 위크》에 익명으로 기고했다. "그러나 사장을 제외하고 이 일이 정말로 좋았기 때문에 그만두지 않았다. 대신 그를 다루기 위한 공식을 개발했다."라고 말을 이었다.

　　차드의 비밀공식은 개를 다루는 사람들을 위한 켈리의 충고와 완벽한 조화를 이룬다. 개가 예상되는 먹이 시간에 호의적으로 반응하는 것처럼 사람도 판에 박힌 일상으로부터 나오는 심리적 안정감에 반응한다. 예를 들어 아침 식사가 항상 오전 8시 30분에 제공되는 것을 아는 개는 8시 20분에 배가 고프더라도 흥분하지 않고 편안하게 앉아있는다. 못된 사장에게도 그러한 예측 가능성이 필요하다는 것을 감지한 차드는 각 근무일에 그를 다루기 위한 시간을 잡아 두었다. 그는 "사장의 욕구를 채워주기 위해 매일 오전 8시 30분부터 10시까지를 비워 두었다."라고 설명한다. 게벨-윌리엄스가 "당신은 매일 같은 사람이어야 한다."라고 언급한 것에 맞게 그가 행동한 것이다.

사무실이라는 서식지에서의 예측 가능성에는 개인의 규칙적인 집중도 포함된다. 사람과 개는 모두 다른 사람으로부터의 반복적인 관심을 즐긴다. 이런 취지에서 당신은 개의 머리를 쓰다듬으며 '나는 너에게 관심이 있어.'라는 신호를 보낼 수 있다. 차드의 경우 사장에게 매일 오전 8시 30분부터 10시를 포함해서 온종일 즉각적으로 이메일을 보내는 것으로 관심을 표현했다. "그가 현황보고서 세례를 받는다면 나를 부를 필요를 느끼지 못하리라 생각했다."라고 말했다. 차드의 예상은 적중했다. 경기에 있어서 가장 좋은 수비는 종종 좋은 공격인 것처럼 차드의 이메일 세례에 사장은 자신의 지시가 즉시 처리되고 있다고 생각하고 좋아했다. "나는 지시가 내려지자마자 이해하려고 노력한다. 지시를 당장 이행할 수 없다면 '내가 다른 프로젝트 때문에 바쁘다.'고 설명을 첨부한 메일을 그에게 보낸다."

개가 원반던지기 놀이를 좋아하는 것처럼 차드의 사장은 자신과 부하직원 간의 소통이 원활해 보이는 이메일 세례를 좋아한 것이다. 한편 개가 원반던지기 놀이만 좋아하는 게 아닌 것처럼 차드의 사장이 좋아하는 장난감이 두 세 가지 더 있을지도 모른다. 그러나 개가 원반이나 테니스공처럼 명확한 대상을 좋아하는 것과 달리 사장은 불분명하지만, 마음이 끌리는 어떤 것을 좋아할 수도 있다. 차드는 《비즈니스 위크》에서 "사장은 가격을 책정하는 일에 집착한다."라 말했다. "우리는 마치 아주 특별한 가격을 찾기 위해 활동하는 것처럼 몇 시간씩 전화기를 붙들고 앉아 있곤 했다. 이제 나는 사장에게 말한다. '제가 지금 Y 때문에 바쁩니다. 저 대신 고객 X를 위한 가격제안을 해 주실 수 있으세요?' 그러면 그는 흔쾌히 자신이 좋아하는 일을 거든다. 그동안 나는 내가 하는 일을 방해받지 않을 수 있다."

최종적으로 고용주의 월간계획, 주간 사이클과 24시간 주기 리듬을 파악하라. 개는 에너지 수준이 상승하면 활동하고 에너지가 약해지면 조용해진다. 마찬가지로 당신의 사장도 자신의 업무주기 중에서 좀 더 좋거나 나쁜 시기가 있게 마련이다. 사장을 이해하기 위해서는 그 주기를 파악하라.

차드는 "사장은 보통 분기가 끝나기 2주 전 월요일에 짜증을 낸다."라고 한다. "그때쯤이면 그는 예외 없이 내가 담당하는 지역을 제대로 관리하지 못하고 있다고 지적한다. 그 말은 가끔 나를 폭발하게 만들지만, 이제 이를 대비하기 위해 일정을 달력에 표시한다. 심지어 그가 화를 내기 전에 '사장으로서 짜증을 낼 만 하겠다.'라고 이야기하며 그의 말을 선수 쳤다. 결국 그는 화를 낼 타이밍을 놓치고 만다."

그러나 이 방식에는 치명적인 허점이 있다. 사장이 고함을 지르는 유형의 사람이라면 주의가 필요하다. 위협을 받으면 몸을 부풀리는 복어나 목 주위를 넓게 만드는 코브라가 그러하듯 사장의 고함은 허세로 적을 물리치려는 자기방어적 태도에 기반한다. 고함은 복종하거나 오므라들도록 하기 위해서 청각적으로 몸의 크기를 과장하는 것이다. 자칫 그를 더욱 자극하는 원인이 될 수 있으므로 허세에 기반한 고함에 맞서는 건 위험한 전략이다. 대신 아주 조용히 있어라. 그는 단지 허세를 부리고 있는 것일 뿐이므로 당신을 정말로 물지는 않을 것이다. 대신 어깨를 떡 벌리고, 시선을 마주치며, 한 걸음도 물러서지 마라. 그런 다음 차분한 목소리로 조용히 "고함을 지를 필요가 없습니다."라고 말하라. 못된 짓을 하는 상황이 발생할 때마다 일관되게 이런 언급을 하라. 사장의 고함이 당신을 움츠리게 하거나, 웅크리게 하거나, 물러서게 할 수 없다면 그것은 보통 세 번의 상황 이내에 없어질 것이다. 침착한 행동과 말은 "당신이 정말로 싸움을 원한다면 덤비세요. 그렇지만 허세를 부리는 행동은 그만하세요. 소용이 없습니다."라고 말하는 것과 같다.

## 사라지는 스티브의 사장

최고경영자의 빈 사무실은 그 회사의 리더십 부재를 나타낸다. 프로그램 관리자인 스티브는 익명을 전제로 이전에 자신이 경험했던 사장인 마이크의 부재에 대해 말했다. 스티브는 "사장은 매일 아침 9시에 사무실에 도착한다. 전날 밤에 집으로 가져갔던 서류로 가득 찬 가죽 서류 가방 두 개를 들고 자신의 사무실로 들어가 오후 5시까지 열심히 일한다. 사장의 근무시간은 항상 9시에서 5시까지로 일정했다. 그러나 일 년 중의 특정 기간에는 사장의 사무실이 비어 있었다.'라고 말했다.

"내가 '사장님 어디 가셨어요?'라고 묻자 사장의 비서가 '출장 가셨어요.'라고 대답했다. 비서에게 '그가 그러면 안 되죠. 여기는 지금 큰 회의를 앞두고 있잖아요.'라고 말했다. 그 큰 회의에는 전 세계 사람들이 참석하기 때문에 그 전 주에는 세부사항과 마지막 순간의 변경 사항들 때문에 미칠 것 같았다."

마이크가 상습적으로 자리를 뜨는 것에 대한 스티브의 이야기를 들으면서 하나의 패턴을 발견했다. 그의 사무실은 중요한 행사가 시작되기 일주일 전에 비기 시작한다. 그는 다가오는 막중한 회의에 겁을 먹은 것이다. 사무실에 숨기가 쉽지 않자 사장은 그와 무관한 시애틀, 피닉스나 애틀랜타의 회의에 참석하기 위해 날아갔고 정작 반드시 참석해야만 하는 때가 다가오면 사무실을 비웠다.

사무실 긴장이 최고조일 때 마이크는 대도시로 날아가서 주간회의에 참석한 뒤 야간에 나오곤 했다. 어떨 때 그는 피아노 바에서 노래하려고 자리를 비웠다. 이사회에서 이 문제를 인지했을 때 마이크는 사장 자리에서 영원히 물러나야만 했다.

사라지는 사장 증후군(Disappearing Boss Syndrome. DBS)에는 여러 가지 형태가 있지만 메시지는 같다. 그것은 자신의 자리를 대신할 수 없다는 자만적인 태도에서 비롯된 문제로부터의 도피다. 2007년 여름 맨해튼에서 DBS와 관련된 유명한 사례가 뉴스거리가 되었다. 10억 달러 이상의 자본이 증발하자 뉴욕에 있는 베어스턴스 헤지펀드 내부에 긴장감이 감돌았다. 이런 결정적인 시점에 베어스턴스의 최고경영자인 제임스 케인이 자신의 사무실에서 사라졌다. 처음에 그는 뉴저지에 있는 사설 골프장으로 도망쳤다. 그와 골프를 자주 쳤던 존 안젤로는 《월스트리트저널》에 "케인에게 골프장은 도피처였다."라고 이야기했다. 나중에 케인은 테네시주의 내슈빌에서 10일간 열리는 브리지 대회에 참가했다. 최종적으로 베어스턴스 헤지펀드가 16억 달러의 손실을 보고 나서야 케인은 최고경영자 자리에서 물러났다. 맹비난을 받을 만한 그의 결근에 대해 《포춘》 매거진은 "2007년 사업계에서 가장 어처구니없는 101가지 순간들" 목록에 케인의 경우를 30위에 올렸다. 베어스턴스는 2008년 5월 30일 폐업했다.

1920년대 심리학자 월터 캐논은 각종 스트레스 상황에 교감 신경계가 긴장하거나 부신 속질에서 아드레날린의 분비가 일어나는 '긴급 반응(Emergency Reaction)'을 밝혀냈다. 투쟁-도피 반응은 시상하부와 뇌간에 있는 중추신경 세포에 의해 조절된다. 사업적으로 힘든 문제와 부딪쳤을 때 대부분의 사장은 사무실에 머물면서 '투쟁'할 것이고, 겁을 먹은 사장은 사무실을 떠나 '도피'할 것이다. 후자처럼 회사로부터 도망가는 것은 비어있는 사무실에 그의 잔상을 남긴다. 빈 사무실은 사장의 도피 신호가 되는 것이다.

# Part. 12

# 같이 가고
# 같이 하기

# 01

# 비공식적 의사소통
## 채널의 부재

；  친밀 관계 향상을 위한 비언어적 신호들

      좋은 회사라면 당신이 동료들과 친밀한 관계를 형성할 수 있도록 도와준다. 9장에서 직원들이 휴식시간에 축구나 탁구 시합을 하도록 권장을 받았던 데카곤 기기의 사무실을 상기해 보자. 팀 동료에게 축구공을 차고, 상대방의 탁구공을 되받아치고, 점수판을 기록하면서 동료와 함께 운동하는 것은 신뢰를 쌓고 관계를 발전시키는 과정이다. 업무 현장으로 돌아가면 조직도의 수직선을 넘어서는 비공식 채널을 통해 좀 더 쉽게 정보가 흐르는 것이 발견된다. 관계가 발전할수록 수평적인 정보교환으로 창의성이 증진되며 근무의 효율성이 강화된다.

  당신은 비언어적인 신호 교환으로 사무실에서 친밀한 관계가 있는지 없는지를 탐지할 수 있다. 내가 살펴본 바에 따르면 서로 좋아하는 직원들은 함께 식사하고, 음식을 주고받고, 가족사진을 교환하며, 자신들의 사무실 장식에 대한 개인적인 의견들을 공유한다. 나는 워싱턴주의 머시 의료센터 원무과에서 수많은 작은 호의들이 교환되고 있는 것에 주목했다. 관계가 좋은 직원들은 일하는 데 필요한 정보를 자유롭게 공유했다.

물론 예외도 존재한다. 60세인 카렌은 사무실에서 정보교환을 거의 하지 않는다. 그녀는 구내식당에서 동료들과 어울리는 대신 자신의 칸막이 안에서 혼자 먹는다. 사탕이나 쿠키를 교환하지도 않고, 가족사진을 주고받지도 않으며, 자신의 칸막이에 있는 장식품을 구경시켜 주지도 않는다. 카렌의 동료 중 하나가 "그녀의 업무공간에 있는 기념품들은 완전히 수수께끼예요. 그녀는 결코 우리 중 그 누구와도 친하게 지내지 않아요. 카렌의 사생활은 아무도 몰라요. 그녀의 칸막이벽에 남자 사진이 있지만 우리는 그가 누구인지 몰라요."라고 말했다.

카렌은 사무실에서 주고받는 것이 전혀 없다. 오후 3시 30분에 퇴근할 때 카렌은 동료들을 지나친 후에 인사한다. 그녀는 자신이 인사를 할 때 자신의 뒷모습만 보이도록 타이밍을 맞춘 것이다.

그녀는 동료들과의 비공식적 의사소통 채널이 없어서 일과 관련된 상세한 것들을 그때그때 주고받지 못한다. 동료들이 점심 식사 중일 때 카렌은 이유를 말하지도 않고 동료들의 책상에 서류철들을 올려놓는다. 동료들은 자리로 되돌아왔을 때 아무런 설명도 없이 자신의 컴퓨터 스크린에 전화번호가 적힌 포스트잇 메모지를 발견하곤 한다.

카렌의 메모에는 누가 전화했는지 아무런 말도 없이 "전화 주세요."라고만 되어 있다. 얼마나 많은 의사가 병원에 실습하러 왔는지 카렌이 이야기해 주지 않았기 때문에 그녀의 동료들은 오리엔테이션을 준비할 때 난관을 겪기도 했다. 사무실 동료들과 카렌을 연결하는 친밀한 관계 채널의 부재로 필요한 정보가 흐르지 않았다.

어떻게 하면 카렌과 동료들 사이의 관계 문제가 호전될 수 있을까?

의식적인 말로도 그녀와 친밀해지는 데 실패했다면, 나는 카렌의 감정과 이야기하는 비언어적인 해결책을 제안하고 싶다. 우선 그녀에게 월간회의 때 공유할 수 있도록 집에서 사진 두 장을 가져오라고 요구할 것이다. 그다음 그녀를 다음번 직원회의에 참석시켜 서로의 사진을 공유하는 것이다. 내가 '사진 공유'라고 이름 붙인 이 방법은 간단해 보이지만 업무 뒤에 감춰져 있는 그 사람을 이해할 수 있게 되는 확실한 방법으로 작동한다.

가족이나 친지, 반려동물, 집 내부 인테리어와 같은 개인적인 사진들을 공유하는 것은 직원들이 일 외에 동료들의 생활을 이해할 수 있게 해 준다. 사진 공유는 작은 호의를 교환하는 호혜의 법칙을 연습해 보는 기회의 장도 될 수 있다. 사진을 공유함으로써 카렌은 동료들과의 관계를 회복할 수 있을 것이다.

# 02

---

# 라포르
# Rapport

**;** 킨슬리와 조시

    워싱턴주 레드먼드에 있는 마이크로 소프트사 본부에는 대부분 젊고 자유분방한 직원들이 모여있다. 그들은 상당히 비슷한 느낌과 모습으로 유리 벽으로 된 사무실에 녹아든다.

    《내셔널 리뷰(National Review)》 편집인이며 CNN 토크쇼 〈크로스파이어(Crossfire)〉의 공동 진행자였던 킨슬리가 마이크로 소프트사의 새로운 전자잡지 《슬레이트(Slate)》를 개발하기 위해 워싱턴 D.C에서 워싱턴주로 넘어왔다. 킨슬리는 "나는 사업계획도, 직원도, 아무것도 없었다. 내가 가진 것은 사무실뿐이었다."라고 말했다.

    킨슬리는 마이크로 소프트사에 있는 9천여 명에 이르는 직원들의 평균나이보다 11년이나 많음에도 불구하고 그 공간에 무리 없이 스며들었다. 그가 마이크로 소프트사와 동떨어지지 않은 복장을 한데다가 그에게 접근하기 쉽도록 몸짓언어 신호를 보낸 덕분이었다. 재킷과 넥타이를 삼가고 청바지와 내추럴 룩을 선호하는 마이크로 소프트사의 관습에 따라 킨슬리는 중간 색깔의 카키색 바지, 오픈칼라 면 셔츠, 꺼벙한 흰 양말과 투명한 플라스틱 테를 한 학구적인 안경을 했다. 그는 팔을 옆구리 가까이에 붙이고 있어서 말을 할 때 손동작이 거의 보이지 않았다. 둥근 테 안경 너머로 깜빡이지 않는 눈을 동료들의 얼굴에 고정했다.

아무런 기반도 없는 상태에서 온라인 잡지를 디자인하는 것은 열정을 불러일으키기도 했지만, 좌절감도 맛보게 했다. 그런데도 그는 자신이 워싱턴 D.C를 떠나기로 한 결정에 만족했다. 킨슬리의 모험에 대해 켄 올레타가 《뉴요커(New Yorker)》에 실은 기사에서 킨슬리가 마이크로 소프트사 사무실에서 가장 즐긴 것 중의 하나는 회사의 "원만한 관계"였다고 기술했다.


라포르(Rapport)는 언어적, 비언어적 수단을 써서 형성된 상호신뢰로 마음이 통하고 감정교류가 잘 되는 것을 말한다. 라포르를 직역하자면 친밀한 관계를 뜻한다. 이 영어단어는 라틴어 "가지고 다닌다(To Carry)"를 거쳐 고대 프랑스어 "도로 가져온다(To Bring Back)"와 "길동무(Fellow Traveler)"를 뜻하는 7천 년 된 인도-유럽 어족의 per-에서 유래했다. 킨슬리는 그의 동료들과 복도나 구내식당을 걸으며 친밀한 관계를 형성할 수 있었다.

상호 간에 친밀감을 형성할 수 있도록 조성된 마이크로 소프트사의 환경 덕분에 킨슬리가 디자인한 《슬레이트》는 1996년에 성공적으로 출간되었다. 내셔널 매거진 어워드에서 수상할 정도로 신문잡지계에서 높이 평가되는 브랜드가 되었다. 2004년 12월 21일 《워싱턴 포스트(The Washington Post)》가 《슬레이트》를 1천 5백만 내지 2천만 달러에 매입해 소유 중이다. 후에 킨슬리는 《로스앤젤레스 타임스(Los Angeles Times)》의 사설란 편집자가 되기 위해 슬레이트를 떠났다. 킨슬리가 마이크로 소프트사의 사무실에서 즐겼던 친밀한 관계가 없었다면 《슬레이트》가 성공적이었으리라 상상하기 힘들다. 친밀한 관계는 그가 자신의 새로운 모험을 시작해서 완성하는 데 필요했던 협조, 동의와 팀워크를 위한 길을 포장해 주었다.

사무실 안에서 우리는 비언어적인 채널로 친밀한 관계를 형성할 수 있다. 그러한 것에는 접촉을 통한 촉각 채널, 동작을 통한 시각 채널과 소리를 통한 청각 채널이 포함된다. 마이크로 소프트사에서 킨슬리가 했던 친밀한 관계 형성 방법 중 으뜸은 자신의 부드러운 목소리 톤이었다. 구어는 전달 형태에 있어서 객관적인 사전적 감각뿐만 아니라 좀 더 주관적인 감각도 가지고 있다. 말이 발음되는 방법은 그것이 말하는 것만큼이나 중요할 수 있다. 말을 할 때 수반되는 리듬, 운율, 호흡하는 방법, 부드럽거나 쨍한 목소리, 심각하거나 빈정대는 말투 등으로 구성되는 '음성의 질(특색)'은 감정, 느낌과 기분을 전달한다.

야생동물의 세계에서는 공격적인 동물일수록 그 목소리가 시끄럽고, 낮으며, 거칠다. 딱 들어맞는 사례가 마운틴고릴라다. 마운틴고릴라가 천둥·번개가 내려치듯 거칠게 포효하는 소리는 수컷 고릴라의 200kg에 달하는 몸을 더욱 크게 보이도록 만들어준다. 그러나 비즈니스 세계에서 위협적인 높은 목소리는 친밀한 관계를 저해시킨다. 나는 업무회의에서 우렁찬 목소리로 고함을 내지르던 조시라는 동료를 기억한다. 조시는 크고 거친 목소리로 다른 직원의 못마땅한 의견을 방해하는 고약한 버릇을 가지고 있었다. 그가 비록 1 대 1로는 우호적이었지만 그의 지나친 목소리가 친밀한 관계를 방해했다. 그것 때문에 그는 사무실에서 피하고 싶은 사람 중 한 명이 되었다.

워싱턴동물원의 유진 모턴에 따르면 포유류의 목소리는 으르렁거림, 짖음과 낑낑거림의 세 가지 기본적인 발성들의 혼합물이다. 회의실에서 우리와 언쟁을 벌일 때 조시는 낮은 음조의 쇳소리, 지나친 스타카토, 높은 음조의 우는 목소리 톤을 일정하지 않게 사용했다. 모턴이 이야기한 세 가지 형식을 그대로 따라 했다. 반면 킨슬리는 마이크로 소프트사에서 친구들을 사귀고 사람들에게 영향력을 미치기 위해 "친밀한 관계를 호소하는" 부드러운 목소리를 일관되게 사용했다.

문화적인 양태에 따라 다를 수는 있지만, 음성의 질은 문화를 넘어서는 보편적인 것이다. 어느 곳에서나 어른들은 갓난아기나 어린 자녀들에게 말할 때 부드럽고 좀 더 높은 음조의 목소리를 사용한다. 부드러운 목소리는 우호적이며 잘 보살펴 주려는 자세를 암시한다. 세상의 모든 남녀는 "내가 당신에게 관심이 있다."라는 것을 나타낼 때 가벼운 목소리를 사용하여 다정하게 인사한다. 대부분 사람은 큰 목소리를 싫어한다. 사무실에서 일하는 모든 직원은 큰 목소리로 전화하는 동료가 달갑지 않을 것이다. 하루에 8시간 동안 닫힌 공간에서 지내며 듣는 우렁찬 목소리는 친밀한 관계를 망친다.

보기에는 사소한 세부사항이 중요한 의미를 전달하기도 한다. 실제로 친밀한 관계는 의외로 하찮은 것에 영향을 받는다. 동료가 끼고 있는 안경의 디자인을 살펴보자. 안경테가 둥글거나 각진 것에 따라 우리가 동료에게 받는 느낌은 미묘하게 달라진다. 마이크로 소프트사에서 킨슬리는 위협적이지 않은 둥근 테의 안경을 착용했다. 둥근 안경을 쓴 킨슬리는 상냥해 보이고 접근하기 쉽게 느껴졌다.

여성과 어린이가 가지고 있는 부드러운 곡선의 얼굴, 매끄럽고 둥근 어깨와 이마는 우리를 우호적으로 만든다. 반면에 남성적인 얼굴과 떡 벌어진 어깨, 즉 각이 지고 우락부락하게 생긴 특징은 우리에게 거리를 두도록 경고를 하는 것처럼 보인다. 여성과 남성의 신체적 특징에 비유한 친근한 효과와 위협적인 효과는 사무실에서도 지속해서 나타난다. 그런 신호들은 부지불식간에 친밀한 관계를 강화하거나 좌절시킨다.

### Cold shoulder

당신과 친밀한 관계를 유지하던 사장이 냉담한 태도를 보이며 당신과의 일상적인 만남을 회피한다면 주의해야 한다. 친밀하던 관계가 갑작스럽게 변화하는 것은 당신이 해고될 수도 있다는 것을 의미한다. 애리조나주 피닉스에 있는 종합병원의 마케팅 담당 부사장인 마르시아 핀버그는 자신과 항상 사교적인 한담을 해 오던 병원의 최고경영자가 갑작스럽게 자신을 피하자 무언가 잘못되었다는 것을 인지했다. 어느날부터 그는 핀버그가 다가가면 간결하고 차가운 목소리로 응답하였다.

"쌀쌀맞은 어깨(Cold Shoulder)"는 얼굴을 외면하며 차갑게 대하는 것을 의미하는 비유적 표현이다. 문자 그대로의 의미처럼 냉대의 신호를 암시하는 이 몸짓언어는 누군가가 당신에게서 얼굴과 몸통을 돌려 자신의 위팔 쪽을 당신에게 보이는 것이다. 상대방이 얼굴 대신 팔의 삼각근을 보이는 것은 심각한 신호다. 이 신호는 당신과의 친밀한 관계를 단절하기 원한다는 것을 암시하는 비인격적인 냉대다.

사장이 친밀한 관계를 단절하기를 원할 때는 어깨가 그 말을 대신한다.

상사의 변화된 처신과 회피성 몸짓언어 때문에 핀버그가 가졌던 불길한 예감은 3개월 뒤 해고를 당할 때 맞아떨어졌다. 핀버그는 사장의 냉대가 실제로는 방어적 행동 중 하나인 회피 행동이었다는 사실을 알아챘다. 그 사장은 개인적으로는 그녀를 회피하지 않았지만 대면회의로 인해 초래될지도 모르는 갈등을 피했다. 뉴욕에 있는 벤치마크 정보통신회사의 쥬디스 글레이저는 "사장들은 특히 갈등을 싫어한다."라고 말한다. 핀버그의 사장이 친밀한 관계를 끝내기를 원했을 때 그는 자신의 어깨가 그것을 말하도록 했다.

# 03

# 도보
## 여행

**;** 길동무가 된 얀

     산업 심리학자들은 직장에서의 문제를 터놓고 이야기하기를 권장한다. 대화는 긴장을 완화한다. 사무실 문화에 대해 연구하면서 나는 우리가 자신들의 문제를 "걸어 다니며 해결할 것"을 제안하고 싶다. 다음은 이전 직장에서 내가 참여관찰자로 수행했던 작은 사례 연구이다.

  얀과 나는 수개월 동안 같은 사무실에서 근무했지만 데면데면했다. 사실 나는 그녀를 좋아하지 않았다. 그녀는 종종 공격적인 태도로 턱을 치켜들고서 어깨를 뒤로 뺀 채 내 자리에 방문해서는 월례 보고서를 자신에게 "지금 당장" 제출하라고 큰소리로 요구했다. 얀은 지나치게 쌀쌀맞은 태도로 나를 밀어붙였다. 그녀는 쿵쿵거리며 걷고, 오래 기다리고 있었던 것처럼 안달하며, 컴퓨터 모니터가 흔들릴 정도로 키보드를 세게 쳤다.

얀의 태도가 못마땅했던 나는 보고서를 넘겨주지 않고 시간을 끌었다. 얀은 다음날 다시 와서 낮아진 눈썹과 더 단호한 눈초리를 하고서 자신의 요구를 되풀이했다. 나는 다시 한 번 시간을 끌었다. 세 번째 날에는 얀의 상사가 보고서를 요구하러 들렀다. 그와는 친밀한 관계였기 때문에 보고서를 제출해 주었다. 하지만 다음 달에도 얀이 보고서를 요구하기 위해 계속 그렇게 들르리라는 것을 알고 있었다.

얀과 나의 보이지 않는 실랑이는 이후로도 몇 달간 지속됐다. 그동안 그녀는 쿵쿵거리고, 입술을 굳게 다물고, 눈썹을 내리고, 커다란 목소리로 요구했으며 나는 보고서를 늦게 제출하는 것으로 대응했다.

그러다가 마침내 그런 사이클을 깨뜨릴 무엇인가가 일어났다. 우리는 샌프란시스코에서 개최되는 업무회의에 참석하기 위해 같은 유나이티드항공 비행기를 탔다. 비록 우리가 함께 앉지는 않았지만, 비행기에서 같이 내려서 제트웨이에서 인사를 나눴다. 낯선 사람들과 종일 비행한 후에 누군가 아는 사람을 만나는 것은 반가운 일이다. 반드시 자신이 좋아하지는 않는 사람일지라도 그럴 것이다.

여기서 나를 깜짝 놀라게 한 일이 벌어졌다. 우리가 수화물 컨베이어까지 걸어가는 고작 400m 동안 얼어붙은 우리의 관계가 해빙될 조짐이 보였다. 함께 걷는 신체적 행동의 무엇인가가 수개월 동안 거리를 두고 있던 우리를 감정적으로 가깝게 만들었던 것이었다.

친밀한 관계(Rapport)가 "길동무(Fellow Traveler)"를 뜻하는 7천 년 된 인도-유럽 어족의 per-에서 유래했다는 말을 상기해 보자. 얀과 나는 수화물을 찾기 위한 공통의 목표를 향해 같은 방향으로 걸어갔다. 호텔에 도착해 바에서 함께 한산하면서 처음으로 제대로 된 대화를 나누었다. 그날 이후로 얀과 나는 적이 되는 걸 그만두었다. 그녀는 결코 내 사무실에서 두 번 다시 노려보거나 쿵쿵거리지 않았으며 나도 두 번 다시 시간을 끌지 않았다. 비언어적으로 함께 걸은 것 덕분에 우리는 상냥한 2인조가 되었다.

## 구부의 도보 여행

호주 남해안에 사는 유인 부족의 마지막 원로인 구부 테드 토마스는 멜버른에 있는 자신의 호주원주민연구소 사무실보다 주로 밖에서 일하는 걸 선호했다. 그의 영역은 뉴사우스웨일스의 해안지역으로 광활한 숲이 펼쳐져 있다. 구부는 유인 말로 "당신의 좋은 친구"라는 의미이다. 그는 아름다운 숲으로 뒤덮인 오지를 정치인이나 환경보호 활동가와 함께 걸었다.

구부는 1909년에 캔버라 동쪽에 있는 브레이드우드라는 소도시의 유칼립투스 나무 아래서 태어났다. 구부가 아홉 살이 되었을 때 친척들이 그에게 산, 돌, 강과 호주에 있는 성스러운 장소들을 가르쳐 주기 위해 그를 빅토리아주의 경계 근처인 말라쿠타부터 시드니 바로 북쪽에 있는 혹스베리강까지의 도보여행에 데리고 갔다. 그들은 보조를 맞추며 탁 트인 전원지대를 함께 걸었다. 구부는 호주 신화에 나오는 자연과 인간을 창조한 조상신이 모든 생명체가 공생하며 살아가는 법과 그림, 춤 등을 가르치고 그 자연 속으로 스며들어 사라졌다는 '꿈의 시대'에 대한 전설, 노래와 조상 전래의 풍경에 대한 설화를 알게 되었다. 땅은 그의 교과서였다. 그는 읽기보다는 보고 들으며 공부했다.

어부 생활을 오래 했던 구부는 스스로 부족의 원로가 된 후에 여생을 호주 원주민의 '꿈의 시대' 부지를 보존하는 데 바쳤다. 구부를 "영리하고 약삭빠른 협상가"로 묘사했던 《시드니 모닝 헤럴드(Sydney Morning Herald)》는 그 부지를 국립공원으로 계속 보존해 두도록 그가 뉴사우스웨일스주 정부를 설득시켰다고 보도했다. 구부는 그 지역에 관리들을 데리고 함께 보도여행을 하면서 유창한 말로 그들을 설득시켰으며, 결국 자신의 목적을 달성했다.

구부는 자신의 사무실에 머물면서 연구소 명의로 편지를 썼을 수도 있지만 행동하기를 선택했다. 보존을 위해 그가 취한 '조치(Steps)'는 문자 그대로 '걸음(Steps)'이었다. 그는 도보여행으로 자신의 바람대로 관리들을 길동무로 만들었다.


## 마음을 비워주는 걷기 리듬


오늘날 인간들은 상당히 많은 시간을 앉은 자세에서 손가락으로 키보드 위를 걸으며 시간을 보낸다. 인간의 영장류 친척들인 원숭이와 유인원의 경우에서 그러하듯 앉은 자세는 자연스럽게 선호되는 자세이기는 하지만 다른 사람과 친밀해지기 위한 가장 좋은 방법은 아니다. 우리는 같이 걸을 때 비로소 친해진다. 두 발로 걷는 행위는 300만 년 전에 우리 선조들이 아프리카 사바나 초원을 가로질러 먼 거리를 이동하는 것을 가능하게 했다. 생존을 위해서는 계속해서 걸어야만 했고 그럼으로써 그들은 유대감을 형성했다.

조이 존스는 《워싱턴 포스트》에 "나는 걸을 때마다 내가 존재한다는 것을 경험한다."라고 말했다. 사무실에서의 걷기는 매 순간 내가 존재함을 깨닫는 것 이상의 느낌이 든다. 점심을 먹기 위해 동료와 함께 걷는 것은 그 순간의 경험을 함께 공유하는 행위이다. 걷기(Walking)는 일정한 박자와 리듬감을 가지고 있다. 당신들이 같은 풍경, 같은 길을 걷는 간단한 행위가 대화와 친밀한 관계 형성을 촉진한다.

걷기 리듬(Rhythm of Walking)은 마음을 비워준다. 철학자들은 걷는 행위가 창조적 사고를 촉진한다는 사실을 일찍이 몸으로 체화한 사람들이다. 아리스토텔레스(384~322 BC)와 그의 제자들은 산책하면서 강의를 했고 의견을 교환했기 때문에 소요학파(Peripatetic School)라고도 알려져 있다. 자연환경 속에서의 인간의 삶에 대한 의미를 깊이 생각했던 헨리 데이비드 소로(1817~1862)는 자신의 짧은 인생에서 지구 둘레의 10배나 되는 약 40만 km를 걸었다.

우리가 용케 몇 시간씩 사무실에 앉아 있기는 하지만 움직이고 싶다는 강력한 욕구가 사라지는 게 아니다. 우리 다리는 4억 년 전 데본기 물고기의 지느러미에서 유래했다. 인간은 생후 6개월에서 9개월 사이에 순전히 움직이고 싶다는 강력한 본능을 충족시키기 위해 기기 시작한다. 우리는 두 개의 걷기 보행 반사(Walking Reflexes)를 가지고 태어난다. '족저 반사(Plantar Reflex)'는 발이 수평면에 닿으면 하지가 관절을 뻗는 근육인 신근을 수축하게 만든다. 아기들은 곁부축해 주면 자신의 체중을 지탱하며 바닥에서 몇 걸음을 뗄 수 있다. 아기의 다리가 계단 층계의 모서리에 닿으면 자동으로 '위치 반사(Placing Reflex)'가 작동해 아기의 다리를 들어 올려 수평면에 발을 위치시킨다.

인간은 매일 사무실에 갇혀 있는 것을 부자연스럽게 느끼는 선천적인 방랑자다. 우리는 실내에서 서로 만나고, 메모를 건네고, 이메일을 보내고, 문자를 하며 업무를 할 수도 있지만 사무실 밖에서 걷거나 외부로 나가서 처리하는 업무도 상당하다. 사실 때로는 외부 장소에서 이루어지는 만남이 사무실 안에서 이루어지는 것보다 더 중요한 역할을 하기도 한다. 대표적인 사무실 외적 장소의 제일은 골프장이다.

# 04

# 사업보다
# 골프

**Girlfriend? Golfriend!**

골프는 어떻게 비즈니스가 되었을까? 프랑스의 거대 상업지역인 엑쓰 레 밀르의 중심에 있는 빠끄 듀 골프에는 사업가들로 넘쳐난다. 일본에서 골프는 새로운 회사의 기업문화에 적응하려는 젊은 직원들에게 필수적인 도구가 되었다. 《골프매거진(Golf Magazine)》에 따르면 미국에서는 최고경영자의 98퍼센트가 골프를 한다. 골프에는 분명히 비즈니스 친화적인 뭔가가 있다. 알게 되겠지만 중요한 것은 단순히 '점수'가 아니라 '환경'이다.

벤 밀러는 《푸젯 사운드 비즈니스 저널(Puget Sound Business Journal)》에 "골프를 하려면 골프가방에 클럽과 볼이 필요하다. 사업을 하려면 다른 도구들을 가져오라. 비즈니스 골프는 퍼팅과 거의 관련이 없다."라고 썼다. 비즈니스 골프에 점수는 친밀감 형성만큼 중요하지 않은 것 같다. 밀러는 당시 시애틀 퍼시픽인더스트리의 관리자였던 패티 퍼시와 의견을 같이한다. 그는 "인적 관계망을 형성하는 데 골프가 도움을 주었다. 골프는 경영학석사처럼 필수적인 것이 되어가고 있다. 많은 관계가 사무실 밖에서 형성된다."라고 한다.

비즈니스 세계에서 중요한 거래는 골프 코스에서 성사된다. 긴밀하게 맺어진 그룹들이 서로 얼굴을 맞댄 채 손에 막대기를 들고 볼을 찾아 치며 잔디밭을 걷는 것은 사업가들이 자신들의 조상들이 한때 아프리카에서 경험했던 집중, 경쟁과 동지애를 즐기는 것이다. 골프 코스에서는 어떠한 주유소, 지하철이나 광고판도 "자연적인" 시야를 방해하지 않는다. 골프 코스는 상업이 아닌 개인적인 친밀감을 형성하기 위한 환경이다.


### 당신은 사바나 초원을 잊었는가?

수상(樹上)생활을 하던 조상들이 중신세인 2천만 년 전부터 동아프리카 일부에서 지상(地上)생활을 시작하면서 열대우림이 개방된 삼림지로 변화했다. 최초의 인류가 출현한 장소는 타이노족 말로 "편평한 초원"을 의미하는 '자바나(Zabana)'에서 유래한 사바나(Savannah)라고 알려져 있다. 그곳은 나무가 드문드문 있어 그늘이 거의 없는 뜨겁고, 편평하며, 개방된 전원지대였다.

초기 인류는 캘리포니아주 페블비치 골프장 8번 홀의 절벽, 바위, 파도와 수평선을 가로지르는 나무가 늘어선 언덕을 편안하게 느꼈을 것이다. 골프에서, 잘 깎인 잔디 지역인 페어웨이(Fairway)는 사냥터 길을 닮았다. 샌드 트랩(페어웨이의 가운데 있는 모래 구덩이)은 염지(鹽池)가 마른 것일 수도 있다. 어떠한 사무실 빌딩이나 전신주도 시야를 방해하지 않는다.

골프코스의 이름 자체만으로도 우리가 그것을 자연적인 서식지로 여기고 있음을 암시한다. 최고의 회원제 코스로 평가되는 캘리포니아주의 페블비치에 있는 사이프러스 포인트 클럽은 사이프러스라는 나무의 이름에서 온 것이다. 세계에서 가장 큰 모래 구덩이로로 소문난 '지옥의 하프 에이커(Hell's Half Acre)'는 뉴저지의 회원제 골프클럽인 파인밸리의 7번 홀에 있다.

인간종은 인류 진화의 중대한 시기에 사바나 생활을 경험했기 때문에 초원서식지는 인간에게 지워지지 않는 자국이다. 오늘날 우리는 조상들이 사냥하고, 채집하며, 야영했던 자연의 평원을 이상적인 것으로 만들기 위해 그 표면을 반반하고 매끄럽게 만듦으로써 지구를 우리 취향으로 개조한다. 우리는 반개방형 공간에서 정신적 위안을 찾고 있다. 안정감을 주기 위해 드문드문 배치된 덤불과 나무로 조성된 "새로운 사바나 초원"은 대학 교정, 도시공원, 묘지, 골프 코스의 조경 주제다.

동료와 함께하는 산책이
때로는 회의보다 중요하다.

# Part. 13

# 신뢰의
# 징표

# 01

# 그 회사의 신뢰는
## 파산했다

**;** 눈에 보이는 신뢰의 증표 부재

당신은 공식적인 발표보다 비언어적인 신호들로 회사에 관해 좀 더 많이 알 수 있다. 철자 하나까지 신중을 기한 회사의 연차보고 서는 사장이 차를 어디에 주차하는가에 대한 것보다 더 적은 것을 말해 준다. 리먼 브라더스 지주회사의 이전 사장인 허버트 맥데이드의 경우를 생각해 보자. 그의 별난 주차 위치는 리먼 브라더스의 재정 상태를 더 분명하게 암시했을지도 모른다.

리먼 브라더스의 연차보고서에는 "친애하는 주주와 고객 여러분, 2007년 리먼 브라더스는 순매출, 순이익과 주당이익에서 기록적인 한 해를 이루었습니다. 어려운 시장 환경 속에서 성공적으로 경영했습니다. 당사의 다각화된 글로벌 사업 플랫폼도 유럽과 아시아뿐만 아니라 각 사업 부문에 걸쳐 기록적인 실적을 보였습니다."라고 되어 있다.

고무적인 말들이었다. 그러나 1년 후인 2008년 9월 15일 리먼 브라더스는 미연방 파산법 제11조에 의한 파산보호를 신청했다. 이 사건은 그 당시 미국 역사상 가장 큰 파산이었다. 운명적인 그 월요일날 뉴욕 타임스퀘어 근처에 있는 호화로운 리먼 브라더스 빌딩에서 수많은 직원이 열을 지어 걸어 나갔다. 부지불식간에 직장을 잃은 그들은 침울했고, 때로는 화를 냈으며, 마지막에는 충격을 받아 슬퍼했다. 2007년 보고서에 쓰인 기록적인 매출, 수입과 이익이 갑자기 현실 같지 않아 보였다.

2007년에 주주총회 사업보고서에는 "리먼 브라더스의 모든 것이 잘 되고 있다."라고 말했지만 맥데이드의 주차습관은 보고서와 다르게 말하고 있었다. 《월스트리트저널》은 "미신을 믿는 맥데이드는 금융시장이 살아나면 자신의 차를 맨해튼에 있는 리먼 브라더스 본부 뒤의 같은 장소에 주차한다."라고 보도했다. 도교의 풍수지리설을 신봉하는 맥데이드는 "더 나은 에너지"를 가진 다른 사무실을 선호해서 원래 자기의 사무실에 출근하는 것을 거부했다고 그 기사에서 추가로 밝혔다.

수십억 달러의 자산을 다뤄야 할 책임을 지고 있는 은행가가 그렇게 미신에 집착했다는 게 의아할지도 모른다. 미신은 무지를 통해서나 자연의 법칙에 대한 지식을 가지고 있음에도 비이성적으로 유지되는 믿음이나 관행이다. 금융시장 호황이 계속되길 바라며 자신의 차를 마력이 있는 같은 장소에 주차하는 행위는 행운을 위해 토끼의 발을 지니고 다니는 것과 흡사하다. 어느 습관도 은행가에 대한 신뢰를 높여 주지는 못한다.

1850년에 설립된 리먼 브라더스는 자산이 2,300억 달러에 이르고 종업원이 2만 8천 명이 넘는 세계적인 투자정보 서비스 기업으로 성장했다. 뉴욕시에 본부를 둔 이 회사는 런던, 도쿄와 전 세계 다른 곳에도 지점을 두고 있었다. 이 회사의 경우 눈에 보이는 신뢰의 징표를 모두 가지고 있었지만 2008년 세계 경제 위기에서 모든 것이 기만이었다는 사실이 밝혀졌다.

이 회사의 2007년 연차보고서에는 맥데이드 사장의 상사인 리처드 풀드 회장 겸 최고경영자가 자신의 사무실에서 맨해튼 스카이라인을 내려다보며 서 있는 사진이 실려 있다. 그는 짙은 색 양복, 잘 다린 셔츠와 노란색이 도는 핑크빛의 넥타이를 하고 있다. 왼손은 옆구리에 느긋한 자세로 얹어져 있지만, 오른손은 바지 주머니에 깊숙이 넣어두고 있다. 쉽게 웃는 사람이 아닌 것으로 알려진 풀드는 카메라를 향해 미소를 짓고 있다. 전직 역도선수였던 풀드는 근육질 체격을 가져 그곳을 완전히 장악하고 있는 것처럼 보였다. 그의 지긋이 마주 보는 시선과 완벽하게 침착한 표정은 분명한 신뢰의 징표였다.

《포춘》 매거진에 보도된 바와 같이 풀드의 탄탄한 몸과 "악명 높은 성미"는 그에게 "고릴라"라는 별명이 붙게 했다. 《마더 존스(Mother Jones)》잡지에서는 그것을 풀드의 "당당한 풍채와 권투선수 스타일"의 결과로 보았다. 소문에 의하면 그는 한때 아들의 하키 게임에서 다른 부모와 싸움했다고 알려질 만큼 거친 성향으로 유명하다. 그의 괄괄한 성격은 경영에서도 나타난다. 리먼 브라더스에서 풀드는 공격적인 경영 스타일로 알려져 있다. 리먼 브라더스의 한 동료는 언젠가 풀드가 자신의 팔을 잡고 해고하겠다며 위협했다고 말했다.

　금융업계에서 맥데이드의 미신뿐만 아니라 풀드의 권투선수 같은 기질도 신뢰를 높이지는 못했다. 이 두 사람의 성격은 은행가와 어울리지도 않는다. 일부는 풀드가 사건이 터지면 쉽게 해결할 수 있는 양 자만하다가 위압적인 태도로 대응하려 하는 것이 문제라고 지적했다. 영국의 뉴스 통신사 《로이터(Reuters)》의 요구로 크리스천 플럼과 댄 윌친스가 실시한 분석에서 말했듯이 "풀드는 회사를 회생시킬 수도 있었던 제안들이 자신의 경영 방식에 맞지 않다고 여겨 그것들을 거부하고 벼랑 끝 전술을 쓴 것으로 보였다."

　최고경영자 풀드가 2007년 사무실 사진에서 자신의 주장을 고수하며 단정적으로 서 있었던 것처럼 그는 병든 기업을 회생시켰을 수도 있었던 구매자들에게 굴복하지 않았다. 자신의 회사가 실제로 가진 것보다 값어치가 있다는 믿음은 고릴라가 자신의 주장을 고수하도록 유도했다. 고릴라처럼 풀드는 쉽게 움직이지 않는 사람이었다. 그는 리먼 브라더스에 높은 매입가격이 매겨져야 한다고 생각하고서 완고하게 그 믿음에 매달렸다. 결국 리먼 브라더스는 2008년에 갑자기 파산을 선언했다.


　많은 돈을 취급하는 은행가들에게 미신과 자만심은 자칫 위험을 초래할 수 있다. 미신은 논리와 체계적인 법률을 무시하는 것이기 때문에 특히 애를 먹이는 신호다. 그런데도 맥데이드와 풀드는 둘 다 리먼 브라더스의 핵심적인 금융상품 하나에 대해서 강하게 미신적이었다. 2005년 초 미국 주택시장이 최고조에 달했을 때 리먼 브라더스는 주택저당에 수십억 달러를 투자해서 부채담보부증권(CDO)으로 재포장했다가 다른 투자자들에게 유가증권으로 팔았다.

CDO에 대한 수학 공식이 너무나 복잡해서 그 누구도 그 가치를 파악하거나 그것이 실제로 어떻게 운용되는지에 대해 합리적으로 설명할 수 없다. 그러나 금융시장에서 논리가 기대에 미치지 못하면 미신이 중요한 역할을 하며 은행가들은 단순히 믿기만 하면 된다. 리먼 브라더스는 CDO를 대충 꿰맞추어 공격적으로 팔았다. 심지어 대차대조표에 그것을 "자산"으로 계산했다. 사실상 CDO는 어마어마한 힘을 가진 종잇조각이 되었다. 좀 더 신용이 있는 느낌을 주기 위해 두꺼운 담황색 종이에 인쇄된 CDO는 리먼 브라더스의 미신적인 열광으로 "실제인" 것처럼 선언되었다.

2006년에 미국의 주택가격이 하락하고 저소득층 주택담보대출자들이 대출금을 체납하기 시작하자 CDO의 가치가 빠르게 떨어졌다. 두꺼운 담황색 종이 그 자체가 덜 마법처럼 보이고 훨씬 덜 실제인 것처럼 느껴졌다. 자산으로서의 CDO의 힘에 대한 대중의 신뢰가 거의 다 증발했다. 그러나 풀드는 리먼 브라더스의 주택담보대출로 포장한 유가증권이 견고하다는 자신의 믿음에 미신적으로 매달렸다. 분명 리먼 브라더스의 모든 상황이 나빠졌음에도 풀드는 자신의 회사가 자금 부족 사태를 극복하기에 충분한 자금을 가지고 있다고 믿었다. 그는 마법의 종잇조각이 그를 구조해 줄 것으로 믿었다.

물론 그렇게 되지 않았다. 비우량 주택담보대출 증서와 CDO와 같은 서류에 대한 풀드의 믿음은 미신에 지나지 않았다. 뱅크오브아메리카 및 버클레이캐피탈과의 인수 협상이 실패한 후에 풀드는 2008년 9월 아침 파산을 선언했다. 그 기업과 권투선수 같은 최고경영자에 대한 대중의 신뢰도 함께 파산했다. 뉴욕주 회계감사관 토마스 디나폴리는 "이사회가 아무것도 하지 않고 서 있을 때 풀드가 내린 결정은 그 회사를 파멸로 이끌었다."라고 말했다. 리먼 브라더스 이사회실에 있는 그 누구도 그 방에 있는 고릴라를 제지할 엄두를 내지 못한 것으로 보였다.

# 02

# 옹가의
# 600마리 돼지들

**명백한 신뢰의 상징**

    CDO와 같이 모호한 상품들에 대한 신뢰가 문제라면 삼겹살과 같이 분명히 실재하는 상품에도 문제가 있다. 삼겹살에 대한 선물(先物)은 1961년부터 시카고상품거래소에서 거래됐다. 베이컨을 생산하기 위해 손질된 냉동 삼겹살 20t이 거래단위였다. 거래자들은 미래 상대방이 계약 내용을 제대로 이해할 것이라고 믿으며 일정 시점에 합의된 가격으로 삼겹살을 팔기로 합의한 계약서에 서명한다. 거래자들은 베이컨의 가격이 오르느냐 떨어지느냐에 따라 수익을 내느냐 손해를 보느냐가 결정된다. 예를 들어 미래에 높은 가격을 받기로 약속한 사람은 실제 베이컨값이 떨어질 때 이득을 보고, 값이 폭등하면 손해를 본다.

삼겹살 거래에서 뚜렷한 신뢰의 징표는 서면으로 된 계약서 그 자체다. 일방 당사자가 계약을 어기면 그 문제는 법정에서 결정된다. 판사나 배심원은 신뢰의 위반을 확인하기 위해 그 서류를 참고한다. 그런데 그런 서류가 없다면 어떻게 될까? 아무런 서류도 없거나 어떠한 표기체계도 없다면 어떻게 될까? 호주 원주민이 사는 뉴기니에서 돼지 거래자들은 계약서에 서명하는 대신 신뢰할만한 비언어적인 신호를 사용한다.

파푸아뉴기니 하일랜드에서는 카리스마 있는 "빅맨(Big Man)"의 경우가 문자가 없는 세상에서 신뢰를 나타내는 이국적인 예다. 빅맨 또는 빅우먼은 추장처럼 부족원들의 선출로 뽑히는 것이 아니다. 그는 명령하거나 통치하는 사람도 아니다. 부족원들의 자발적인 존경에 의해 만들어진 영향력을 가진 부족의 원로로서 설득하는 사람이다.

호주 원주민들의 경우에 실재하는 신뢰의 징표는 막힘없이 당당한 말투나 확신의 몸짓언어를 시각적으로 보이게 함으로써 형성된다. 그들 사이에 명백한 신뢰의 상징은 바로 살아 있는 돼지의 몸이다. 뉴기니에서 나무로 된 '올카(Olka)' 말뚝에 묶어 둔 건강한 돼지는 "내가 너에게 돈을 보여주는 거야."라며 호주 원주민 식으로 말하는 방법이다. 돼지는 믿을 만한 부의 표시다. 돼지가 없는 남자들은 멜파어(Melpa)로 "형편없는 것"이라는 뜻의 '에탐(Etamb)'으로 간주한다.

파푸아뉴기니에서 '모카(Mokas)'라고 불리는 축제 의식은 일종의 선물경제(Gift Economy) 시스템이다. 축제 의식에서 그들은 산 돼지나 삶은 돼지고기 또는 화려하게 장식한 진주조개 가보(家寶)들을 거래한다. 빅맨은 거래 파트너들과 광범위한 네트워크를 구축해 축제를 진두지휘한다. 파푸아뉴기니에서 가장 유명한 빅맨은 카웰카 부족의 옹가(Ongka)다. 하일랜드에 옹가와 같은 지위나 위상을 가진 자는 많지 않다.

유명한 빅맨에 대해 다룬 〈옹가의 대축제(Ongka's Big Moka)〉라는 고전 다큐멘터리 영화에서 제일 먼저 주목할 점은 옹가의 자신에 찬 걸음걸이다. 그는 당차고 자신감에 찬 걸음걸이로 힘있게 걷는다. 머리를 들고, 팔을 씩씩하게 흔들며, 어깨를 떡 벌리고 걷는 모습은 다른 사람들에게 자신이 어디를 향해 가고 있고, 왜 가는지를 정확하게 알고 있다는 것을 보여준다.

하겐 산의 하일랜드 근처에 있는 옹가의 소박한 집은 곧 축제를 주관하기 위한 사무실이다. 둥근 그 집은 꽃, 소나무와 같이 생긴 카수아리나 나무, 잎이 무성한 코르딜리네 관목으로 둘러싸여 탁 트인 전망의 정원이 있다. 금융시장이 상승세를 유지하기를 바라며 "마법의" 장소에 자신의 차를 주차했던 맥데이드처럼 카웰카 남자들은 부를 얻기 위해 자신들의 대정원에 마력이 깃든 돌을 묻고, 양치식물을 기르며, 빨간 꽃이 피는 나무를 심는다. 초록 일색의 캠퍼스와 같은 환경은 킨슬리가 일했던 워싱턴주 레드먼드에 있는 마이크로 소프트사의 풀로 덮인 복합 상업지구와 다르지 않다. 그러나 킨슬리의 업무공간과는 달리 옹가의 사무실에서는 전화기, 이메일, 키보드, 보고서, 문자 메시지나 어떤 종류의 메모와 인쇄된 계약서도 찾을 수 없다. 파푸아뉴기니의 하일랜드에서의 의사소통은 절대적으로 얼굴을 맞대는 개인적인 것이다.

옹가는 자신의 사무실 근처에서 벌어지는 모카에서 맞수 빅맨들을 상대로 현장에서 큰 소리로 연설하기 위해 극락조 깃털과 코르딜리네 풀잎 치마를 입고 하얀 진주조개 펜던트와 초록색 달팽이 귀걸이를 하고 있었다. 옹가의 선율적인 테너 목소리는 마이크 없이도 군중 속을 파고들었다. 목소리가 닿는 거리에 있는 모든 사람이 그가 하는 말을 들었다.

옹가의 연설과 몸짓언어는 그의 리더십을 잘 보여준다. 내 동료 케니스 리드가 자신의 저서 《하이밸리(The High Valley)》에 쓴 것처럼 빅맨은 전형적으로 "떡 버틴 다리, 밖으로 내뻗은 팔, 박력 있는 말, 계획적인 일시 멈춤, 화려하고 큰 동작을 하면서" 연설한다. 옹가는 자신이 하는 말에 인상적인 몸짓을 하며 춤을 추고, 발뒤꿈치를 차며, 자신감 있는 걸음걸이로 앞뒤로 왔다 갔다 하며, 쇠도끼를 휘두르고, "오-오-오-오" 소리를 길게 하며 자신의 연설을 마무리했다. 영화 〈옹가의 대축제〉를 본 사람들은 그의 목소리 톤과 몸짓언어가 놀랍도록 훌륭했다고 증언할 것이다.

옹가의 생애 목표는 돼지 600마리를 모으는 것이었다. 그러나 카웰카 부족의 제1의 빅맨인 그는 한 마리의 동물도 키우지 않았다. 그는 돼지를 하나도 빠짐없이 나누어주곤 했다. 한시에 한 장소에 600마리의 돼지를 집합시키는 것은 굉장한 신뢰가 요구된다. 옹가는 수년 전부터 돼지를 나눠주며 형성된 자신의 관계망에 있는 거래 상대들이 자신에게 빚진 돼지를 가지고 반드시 축제에 나타날 것이라고 믿었다. 또한, 거래 상대들은 옹가가 모든 돼지를 나누어 줄 것이라고 믿지만 실제로 그 자신은 한 마리의 동물도 가지고 있지 않으리라는 것도 알고 있었다.

파푸아뉴기니 원주민들의 거래는 장황한 계약에 의한 것이 아니다. 그들의 전통적인 거래 방식은 간단한 악수로 이루어지던 미국의 단순했던 시대를 연상시킨다. 하지만 옹가가 사는 열대지방의 세계가 "단순하기는 하지만" 공식적이며 훨씬 이국적이다. 말뚝에 묶여 있는 돼지들과 과장된 몸짓언어와 함께 다른 무엇보다 중요한 신뢰의 징표는 악수나 서류가 아니라 귀중한 가보인 정교하게 가공된 진주조개다. 카웰카 부족 사이에서 두 개의 진주조개는 작은 돼지 한 마리, 여덟 개의 진주조개는 큰 돼지 한 마리의 값어치가 있다. 그들은 반짝거리는 진주조개일수록 더 많은 진주조개를 끌어모을 수 있다고 믿는다. 이것은 "부가 부를 끌어 모은다."라는 소중한 월스트리트 믿음의 카웰카 부족 버전이다.


옹가의 강력한 몸짓언어와 연출기법, 축제 때 자신의 돼지들을 나눠주는 행위, 그에게 빚진 사람들과 그의 인상적인 진주조개 과시로 그는 그 지역에서 가장 신뢰할 수 있는 존재가 되었다. 옹가는 하겐산 지역에 사는 사람들의 신뢰를 활용해 1974년에 카웰카 지역에서

역대 최대 규모의 모카축제를 주관했다. 축제의식에서 그는 기록적인 600마리의 돼지와 다른 수많은 값어치 있는 물건들을 나누어 주었다. 눈에 보이는 신뢰의 징표들로 충만했던 옹가의 대축제는 그를 카웰카 부족의 가장 유명한 원로로 만들었다. 그는 자신의 경쟁자들에 대해서 이례적일 정도의 강한 영향력과 부채액을 확보했다. 결과적으로 맞수 빅맨들은 자신들도 신뢰의 징표를 보여줄 필요가 있었기 때문에 자신이 옹가에게서 받은 것보다 많은 것을 되돌려주었다. 빚을 지고 갚지 않으면 형편없는 사람으로 취급당하는 데다가 빚진 것에 대해 수년 내에 100퍼센트 이상의 이자와 함께 갚아야 했으므로 옹가는 더욱 영향력 있는 부호가 되었다.

# 03

# 지인 사기를 당했습니다.
# 심지어 다단계에요

메이도프의 꽉 다문 입술

맨발로 파푸아뉴기니에 살며 그 지역의 언어인 멜파로 말하는 옹가와 달리 나스닥증권거래소 회장 출신이자 전직 금융인인 메이도프는 윤이 나는 가죽구두를 신고, 뉴욕주의 맨해튼에 살며, 세계 공용어인 영어로 말한다. 또한 다른 사람들에게 돼지를 나눠주며 신뢰감을 쌓은 옹가와 달리 메이도프는 거짓으로 신뢰감을 주는 인상을 꾸미고 희대의 사기극을 저질렀다. 정직하고, 진지하며, 신뢰할 수 있는 시각적 증표(돼지, 진주조개)를 가지고 있었던 옹가와는 정반대로 메이도프는 가증스럽게 신뢰의 가면을 얼굴 위에 덮어쓰고 다른 사람들을 농락했다.

2008년 12월 메이도프 스캔들이 터졌을 때 내가 그 사람에게서 발견한 첫 번째 비언어적 신호는 꽉 다문 입술이었다. 입술이 거의 보이지 않을 정도로 말려 들어가 있었다. 둔 에머트가 게티 이미지(Getty Images) 업체를 위해 찍었던 메이도프의 정면 사진을 연구했을 때 내가 그에 대해 가진 첫 번째 인상은 그가 무엇인가를 심각하게 숨기고 싶어한다는 것이었다. 그에 대해 알면 알수록 메이도프의 만성적인 입술 뒤집기가 진실로 심각한 무엇인가에 대한 징후라는 것을 깨달았다. 그는 자신의 가장 가까운 친구이며 멘토인 칼 샤피로의 신뢰(무려 4억 달러를 투자)를 포함해서 다른 투자고객들의 신뢰를 고의로 저버렸으며 그들로부터 165억 달러로 추산되는 돈을 사취했다.

습관적으로 말려들어 간 입술은 금융역사에서 어떤 다른 사람이 했던 것보다 많은 돈을 자신의 다단계 금융사기에서 사라지게 했다. 메이도프의 입술은 그가 신뢰할 만한 사람이 아니라는 암시를 주었음에도 많은 사람이 그를 믿고 자신의 개인 자산을 맡겼다. 그의 고객들이 보았던 눈에 보이는 신뢰의 징표는 무엇이었을까? 12월에 메이도프가 아들들과 함께 FBI에서 자백한 후에야 자신들의 투자가 무효라는 것을 안 많은 사람은 왜 그렇게 어리둥절해야 했는가? 그 누구도 그의 입술을 파악하지 못했던가?

당신이 1장과 10장에서 배웠듯이 긴장된 입술은 부정적인 감정을 내보일 수 있다. 《비언어적 사전(The Nonverbal Dictionary)》에서 나는 "긴장된 입"을 ① "입술을 안으로 말아 가느다란 선이 되도록 좁힘으로써 만들어지는 동작"과 ② "입술과 턱 근육의 수축을 통해 입술이 눈에 띄게 조여지고 함께 눌리는 입의 위치"라고 정의한다. 입의 개구를 감싸고 있는 두껍고 부드러운 근육으로 된 털이 없는 수름인 입술은 우리 감정을 가장 잘 나타내는 신체 부위다. 입술과 턱의 긴장은 걱정스러운 느낌, 조바심이나 감정적인 스트레스를 분명하게 반영한다. 몹시 긴장된 입은 감정변화, 새로운 생각이나 갑작스러운 심경변화의 시작을 정확하게 표시할 수 있다.

긴장된 입 모양이 나타나는 것은 만성이거나 급성일 수 있다. 1960년대 FBI 국장이었던 후버의 사진에 나타난 것과 같이 만성적으로 화가 나 있거나 마음이 상한 사람의 입술은 영원히 벌려지지 않을 것처럼 "얼어붙어 있을지도" 모른다. 많은 사람이 후버를 융통성이 없고, 적의를 품고 있으며, 망상장애를 가진 사람으로 여겼다. 한편 1998년 9월 21일 자《유에스 뉴스 앤드 월드 리포트(US News & World Report)》의 커버 사진에 나타난 클린턴 대통령의 경직된 입술 표정은 당시 한창이던 그의 스캔들로 인한 급성 징후였다. 1998년 8월 17일 르윈스키와의 부적절한 관계를 인정하기 몇 분 전에 백악관 전략회의 의자에 앉아 있을 때 느긋하게 툭 튀어나왔던 입술과 대조된다.

클린턴보다는 후버와 더 닮은 메이도프의 긴장된 입 모양은 흠이 있는 신뢰를 감추느라 오랫동안 고통을 겪은 사람으로서 심각하게 불안해하는 마음을 반영하는 것 같다. 이러한 표정에는 많은 연구가 있었다. 원숭이와 유인원은 공격에 앞서 꽉 다문 입술 표정을 한다. 위협적인 상황에서 어린이들은 자신의 입술을 꽉 다문다. 꽉 다문 입술은 우리와 가장 가까운 영장류 친척인 피그미침팬지에서는 공격적인 신호다. 캘리포니아대학교의 심리학자 폴 에크먼은 파푸아뉴기니 하일랜드에서 부족 남성들에게 화가 났거나 공격하기 직전에 어떻게 하는지 보여달라고 하면 "그들은 자신들의 두 입술을 붙여서 꾹 눌렀다."라고 보고했다.

수백만 년의 진화 후에도 남아 있는 입 모양은 원래 음식섭취를 위해 설계된 특별 교감신경에 의해 발달했다. 그 표정은 오늘날도 감정적으로 즉각 반응한다. 아직도 공격, 분노와 공포에 따라 유발되는 내장감각을 반영한다. 인간은 유해 화학물질이나 다가오는 적으로부터 구강을 보호하기 위한 "비언어적인 제재"의 형태로 입의 개구를 봉인하기 위해 입술을 꽉 다문다. 만성적으로 긴장된 메이도프의 입은 자신이 창조한 해로운 금융세계에 대한 반응이었을 공산이 크다. 그 세계는 수천 명의 투자자를 독살했으며 복수심에 불타는 고객들이 그의 고층 펜트하우스 아래의 길에 모이게 했다.

메이도프는 다단계 금융사기가 들통 나기 전까지 옹가와 같이 신뢰가 가는 인상을 내보이기 위해 수년 동안 노력했다. 그는 호프스트라 대학에서 학사학위를 받고, 브루클린 로스쿨에 1년 다녔으며, 버나드 메이도프 투자증권(BIMS)을 설립하고, 나스닥증권거래소 회장을 맡았다. 그는 비싸게 맞춘 양복을 입었고, 빈티지 시계를 찼으며, 최상의 이웃이 있는 화려한 집에서 살았다. 그는 자가용 비행기와 비싼 세단으로 여행했다. 옹가의 파푸아뉴기니 씨족 구성원들이 시골 지역에서

부를 끌어당기기 위해 꼭 진주조개를 내보였던 것처럼 메이도프도 투자자들을 자신의 사기에 끌어들이기 위해 부의 상징들을 내보였다. 메이도프는 목소리로 강매하지 않고 외모와 소유물들이 말하게 했다.

BMIS는 뉴욕의 3번가 885번지의 34층짜리 오피스타워에 본부를 두고 있었다. 이 고층빌딩은 거대한 립스틱 튜브를 닮은 타원형 모양에 빨간 에나멜을 칠한 화강암 벽 때문에 립스틱 빌딩이라고 부른다. BMIS는 7층에서 9층까지 사용했다. 메이도프의 개인 사무실은 7층에 있었다. 하지만 메이도프는 연중 많은 시간을 골프코스에서 고객을 탐사하면서 사무실 밖에서 보냈다. 골프코스는 새로운 투자자를 찾기 위해 그가 선호하는 사냥터였다. 그는 팜비치 컨트리클럽을 포함해 여섯 개 골프클럽의 회원이었다. 12장에서 설명한 것처럼 골프를 하는 것이 비즈니스에서 친밀한 관계를 구축하기 위한 진화적으로 올바른 방법이다. 금융전문가인 피터 센더에 의하면 "팜비치 컨트리클럽의 300명 회원 중 3분의 1이 메이도프의 투자자다."

메이도프는 골프와 관련된 진화적인 심리학을 최대한 활용하는 한편 생물학적인 심리인 "동일행동"도 활용할 줄 알았다. 이 책 10장에서 간단히 언급되었던 파충류의 동일행동을 떠올려보자. 도마뱀들이 일시에 같은 행동을 보이는 것처럼 사람들은 비슷한 옷을 입고, 같은 골프장의 회원이 되고, 같은 자선단체에 기부한다. 그것은 "깃털이 같은 새들"과 마찬가지로 같은 편이라는 인식을 심어준다. 생물학적으로 "같은 것이 안전하므로" 사람들은 단지 자신처럼 생긴 다른 사람들과 쉽게 신뢰를 구축한다.

유대인인 메이도프는 오랫동안 "그와 동류인" 유대인들을 주로 사냥했다. 골프장 모임에서 그는 같은 은수저를 들고, 같은 사기 접시에 같은 고급음식을 먹고, 같은 포도주잔에 같은 고급 포도주를 마시고, 다른 사람들이 그랬던 것처럼 같은 리넨 냅킨으로 자신의 손이나 입술을 닦았다. 그와 함께 골프를 치던 사람들은 메이도프의 전략적인 동질화에 감응해 그를 신뢰하게 되었다. 오래지 않아 금융의 귀재인 메이도프에게 투자하기 위해 사람들이 줄을 서서 문자 그대로 애원하고, 징징거리며, 구걸했다. 그러나 그를 믿은 결과는 "지인 사기"로 돌아왔다.

그들은 "자신들과 닮은 사람"이 사기꾼이었다는 것을 알았어도 그렇게 했을까? 단서들이 있었지만, 메이도프가 그의 희생자들과 너무나 닮았기 때문에 그런 단서들이 거의 눈에 띄지 않았다. 명백하게 위험한 신호였던 것은 메이도프가 고객들의 현금으로 투자할 예정인 펀드에 대한 어떠한 참고자료나 인쇄된 안내서도 제공하지 않았다는 점이었다. 말뚝에 묶여 있는 돼지들을 통해 시각적으로 "당신에게 돈을 확인시켜 주었던" 옹가와는 다르게 메이도프는 존재하지 않는 가짜 투자자 계정보고서를 제외하고는 아무것도 보여주지 않았다. 고객들의 돈은 체이스맨해튼은행으로 곧장 들어간 뒤 메이도프 자신이 직접 사용하기 위해 찾거나 전통적인 다단계 금융사기 수법에 따라 오래된 투자자에게 지급할 이자를 마련하기 위해 "새로운 투자자들"이 지급한 돈을 찾기 전까지는 어느 곳에도 투자되지 않고 그곳에 그대로 있었다. 투자를 통해 돈을 불리지 않았기 때문에 2008년 경기 하락 당시 고객들이 자신들의 돈을 돌려달라고 할 때는 이미 그의 수중에 돈이 한 푼도 없었다. 메이도프의 나무 울타리에 묶여 있던 돼지는 전부 허상에 지나지 않았다.

또 하나의 위험한 신호는 메이도프의 두드러진 비밀유지 필요성이었다. 일반적으로 자신의 비밀을 유지하는 공간인 집을 사무실로 두어 그 근방에서 축제를 열었던 옹가와는 달리 메이도프의 업무 생활은 많은 부분에서 감춰져 있었다. 립스틱빌딩의 8층과 9층은 서류철들과 바쁜 직원들로 가득 차 있었지만, 메이도프가 근무하는 7층 전체에는 불가사의한 그의 동료 20여 명만 일했다. 메이도프의 "방해받지 않는 개인 사무실"이라고 특징지어진 7층에 고위직이나 바깥세상에서는 거의 방문하지 않았다.

7층에 있던 수수께끼 같은 동료 중의 하나는 메이도프와 30년 넘게 같이 했던 프랭크 디파스칼리였다. 《포춘》 매거진은 뉴욕 동부의 "퀸스 악센트를 사용하는 고졸자인 그는 잘 다려진 진 상의와 완전 새것 같은 스니커즈나 보트슈즈를 착용함으로써 어울리지 않게 위엄을 부리는 게으름뱅이 복장 버전으로 출근했다."라고 보도했다.

누구도 그가 무엇을 하는지 그리고 그의 직함이 무엇인지 확실히 알지 못했다. 9층에서 적법한 활동을 했던 전직 거래자는 '그는 닌자와 같았다.'라고 말한다. '그가 거물이라는 것은 알았지만 그는 그림자와 같았다.'고 했다. 디파스칼리는 불법 다단계 금융사기에 자펀드(Feeder Fund)를 제공한 파트너와의 거래가 성사될 때 메이도프 사무실에 같이 있는 유일한 직원이었다.

조사관들은 배타적인 메이도프에 관한 공적인 정보를 찾는 어려움에 대해 토로했다. 샌더는 "호프스트라대학의 1960년 졸업앨범을 보면 메이도프에 관한 어느 정도의 정보가 있을 것으로 생각했으나 그렇지 않았다. 분명히 그는 그 졸업앨범에 언급되지도 않았고 사진도 없었다. 인터뷰를 해 본 동급생들도 그를 기억하지 못했다." 그는 자신의 경력 초기부터 비밀주의가 되었던 것 같다.

그는 자신의 고객들을 거의 만나지 않았다. 《뉴욕타임스》는 "그는 개인이나 재단을 위해 수십억 달러를 관리하면서 오즈와 같은 오로라로 자신을 둘러싸고서 자신을 접촉하고자 하는 사람들에게 훨씬 더 가치 있는 존재로 보이게 만들면서 투자자 대부분과의 1 대 1 접촉을 피했다." 오즈의 마법사처럼 메이도프는 환상으로 신뢰를 구축했다.

사업계에서 신뢰는 뭐라고 꼬집어 말할 수 없는 것으로 여겨진다. 친선과 팀워크와 같이 무형의 것들은 감각으로 인지되거나, 깨닫거나, 정의될 수 없다. 그러나 앞에서 나온 것처럼 신뢰는 눈에 보이는 징표들에서 나타나는 물질적인 면도 있다. 맥데이드의 주차 위치, 풀드의 CDO 증서, 옹가의 돼지와 진주조개, 메이도프의 만성적인 긴장된 입은 신뢰 또는 불신에 대한 눈에 보이는 징표들로서 모두 감지할 수 있는 것들이다.

이러한 신뢰의 신호들은 직장에서 항상 볼 수 있지만, 유용하기 위해서는 눈에 보이는 신호들을 잘 이해해야만 한다. 사이트-리딩은 비언어적인 단서들에 대한 통찰력 있는 조사로써 의도나 기분을 예상하는 것이다. 사이트-리딩은 꾸준한 연습이 요구되는 활동적인 과정이다. 당신은 이 책을 거의 다 읽었으므로 나는 당신이 자신의 길을 잘 떠나리라고 믿는다.

직장에는 사생활이 없다. 벽으로 둘러싸인 채 모든 사람의 모든 동작이 관찰되고 있다. 그것은 직장에서의 모든 발소리, 키보드 두드림, 신체 동작이 모니터 될 미래의 세계를 향한 걸음이다.

우리는 동료들이 우리를 위해
견고하고 단단할 것이라고 느끼고 싶어 한다.
일에 대한 신뢰는 문자 그대로 느낄 필요가 있는
그 무엇이다.

1장에서 포커전문가 조 내버로가 몸짓언어를 언급한 것을 상기해 보자. "포커 테이블에서 관찰의 주요 목적은 정보수집이다. 당신은 테이블에서 상대방에 대해 가능한 한 많은 것을 파악하기를 원한다." 당신이 카드 테이블이나 회의 테이블의 어느 곳에 앉아 있든 상대방의 몸짓언어를 관찰하는 것이 이점을 가진다고 언급한 바 있다. 포커에서와 마찬가지로 몸짓언어가 주는 단어는 회의 테이블에서도 상대방 손안의 패를 볼 수 있게 해 준다.

나는 2009년 네바다주 라스베이거스의 시저스 팰리스에서 개최된 제4차 세계게임보호 컨퍼런스에서 기조연설을 하는 기회를 얻게 되었다. 〈카지노에서의 범죄 신호〉라는 제목으로 했던 그 연설은 라스베이거스의 애틀랜틱시티와 스포캔 지역의 카지노들에서 관찰한 것을 요약한 것이었다. 식음료, 여흥 그리고 쉽게 벌 수 있는 돈의 유혹을 갖춘 카지노라는 서식지는 사회의 각계각층으로부터 사람들을 불러들인다. 바카라(Baccarat), 블랙잭(Blackjack), 크랩스(Craps)를 하는 테이블만큼 몸짓언어를 관찰하기에 좋은 곳은 없다.

시저스에서 비언어적 단서에 관한 통찰력 있는 관찰, 즉 사이트-리딩은 단순한 관찰 이상의 것이다. 시저스의 보안요원에게 사이트-리딩은 필수적이다. 그들은 카지노 고객 외에도 직원 상호 간을 24시간

관찰하고 급료를 받는다. 카지노에서 절도, 사기행각은 영원히 해결할 수 없는 문제나 마찬가지다. 보안요원들은 지속적인 몸짓언어 신호들을 관찰함으로써 레이트 베트(Late Bet), 카드 바꾸기, 칩 도둑질, 가망 없는 패끼리 바꿔치기, 딜러와 고객의 결탁을 감지한다.

성실하게 관찰하면서 이 책에서 배운 것을 적용하면 당신의 직장도 파악할 수 있다. 사실 당신은 이점을 가지고 있다. 당신은 동료들을 매시간, 매일, 매주 단위로 보기 때문에 누구를 상대하고 있는지를 알고 있다. 범죄자와 상습적인 속임수를 적발하기 위해 사용되는 카지노의 얼굴인식 소프트웨어와 달리 당신의 직장을 해독하기 위해 당신에게 필요한 모든 것은 대담하고 겁이 없는 눈이다. 당신이 사람들의 말을 들으면서 그들을 사이트-리딩 할수록 당신은 직장의 모든 면에서 더 인정받을 것이다. 직원들의 인사 파일을 원래 있던 책상 서랍에 넣어 두고 직장에서 몸이 말하는 것을 향해 눈을 떠라. 당신의 직장에서 전에 없던 감각을 즐기기를 기원한다.